U0096482

從放牛班作弊，
到考上台大研究所

牛般學習學院 創辦人
蔡思亮——著

go!!

本書版稅捐贈
「臺中特殊教育學校」與「家扶基金會台中發展學園」

序言

很開心你拿起這本書來閱讀，我是眉角高手，蔡思亮。

國立台灣大學理工碩士畢業，目前的身分是教育家，同時也是一位創業家（牛般學習學院與高隼運動），當然，在完成本書的同時，很榮幸的多了個作家的頭銜。

從上述的經歷來看，或許你很難想像，在國中、高職求學階段的我，竟然只是個在放牛班天天逍遙過日的混仙。但就是這樣的混仙，在大學生涯裡，僅花了一年半的時間，成功考上台灣大學理工研究所。

這種戲劇化的轉變，靠的是什麼？靠的就是我即將在本書分享的「眉角」。

當看到本書書名：《從放牛班作弊，到考上台大研究所》，或許聰明的讀者會猜到，這裡所說的「作弊」，就是我指的「眉角」。但是我所謂的「作弊」並不是大家普遍認知意義上的「作弊」，而是指非正規卻不違規的目標手段，雖然在道德標準上無法達到滿分，但絕不違反法律與各項規則。

簡言之，此「作弊」指的是不為人知達成目標的方法，例如：成功人士用的絕招、竅門、技巧、技倆、手段……，我這裡統稱「眉角」。

也因此，如果你是高道德標準的人，這本分享「作弊力量」的書籍或許並不適合你繼續閱讀下去。

但如果你願意，讀完本書除了可以學習快速成長外，人生目標也將更容易達陣。只要你肯下定決心，隨時都可以出發，永遠不嫌晚。

　　伴隨著書頁的開展，我將與你同行。透過文字與故事的力量，帶給你無限啟發與卓越的行動力。

仙草凍的啟示錄

　　我認識一位賣仙草凍的老闆，每當他開店就是大排長龍。某次有機會到他家做客，我很好奇地問他：「你這生意做得那麼出色，有什麼訣竅？」

　　看著他放下手上那杯茶說：「一開始也只是做些不難吃的東西給顧客，到現在能做好吃的仙草凍，我一路跌跌撞撞，花了幾年的時間，才研究出現在這滋味。」他又說：「從一開始賣十幾樣品項，想說讓顧客多點選擇，誰知道那是吃力不討好的選擇，好一陣子生意都沒起色，差點關門大吉，直到一天遇到一位餐飲業的朋友，點醒我。」

　　那朋友說：「賣的東西只要有一樣好吃，顧客就會自動上門了。」

　　老闆說：「當時遇到的挫折就是我改變的契機，因為很難要求十幾樣餐點都做到非同凡響的好滋味，所以那時候我專挑選一種品項來研究。」說著說著，他起身打開抽屜，拿起一本很舊的筆記說：「如今深受顧客喜愛的味道，靠的就是這本煮仙草的步驟、比例、原料……。」

　　我半開玩笑的說：「老闆這本筆記，我用筆記本百倍的價格跟你買，看你當初筆記本買多少錢？老闆你賺到了啦！」

　　老闆開心笑著說：「很多人都說要拿學費來跟我學，我都說不對外傳授。」

說著說著，老闆突然收起玩笑的語氣告訴我：「曾有一位大約五十歲的女士，費盡心機的想學我煮仙草凍的祕訣。我也是無意間才發現，她想學這個煮仙草祕訣，費盡心思的程度你無法想像……有陣子我發現怎麼無時無刻都看到她，問了她才知道她已跟蹤我兩個禮拜，每天我還沒出門，她就在我家門口等我，看我去哪裡採買或者是做了什麼事。她甚至交代市場清潔人員，只要是我的垃圾都幫她留起來，千方百計想要挖出一切有關煮仙草的祕訣。」

　　老闆很有自信地接著說：「不過自從仙草凍賣得好開始，我就把商業機密顧好好的。」

　　我問老闆：「那她被你發現後，還有繼續跟蹤你嗎？」

　　老闆說：「就是因為她千方百計想知道，弄得我心煩意亂，我就問她：『妳想知道煮仙草凍的什麼問題？我跟妳分享，以後不要這樣跟啦！』當時她想了一下，卻直接問到了祕訣的核心上，這是我絕對不能透露的祕密，頓時明白她只差我最主要的核心祕訣就能成功複製我的仙草凍了！我婉拒回答並要求她問其他的，於是她失望地轉身離去……一直以來，想向我學煮仙草凍的人，從來沒有人像她直抵祕方的核心。我可以跟別人分享仙草凍的比例、過程、步驟等技巧，唯獨她問的問題是我不能說的祕密。」

　　然後老闆拿起他十幾年的筆記，自信地對著我說：「我只要把裡面某個地方擦掉幾個字，即使你拿到這本筆記，也依然煮不出來這樣的口味和口感。」

　　讀者們，到這裡你有注意到老闆留了什麼眉角嗎？

我接著問：「是不是即便我看著你煮一次，你再教我煮一次，我回家再自己煮一次，也無法煮出一樣的好滋味，是嗎？」老闆露齒一笑向我點頭示意。

　　我這樣問是有目的，你是否看穿老闆白豪的祕訣是什麼了！？這就是我們「門外漢」，只知其百分之九十九，卻不知最關鍵的百分之一，於是花再多時間也枉然。

　　再次強調，我寫這本書的目的是讓你擁有「有效的方法」，達成你想要的目標。

　　不怕分享給你，已有許多人因為用對方法，生活所有的一切都好轉，這就是「怎麼做」與「做了什麼」之間的差距！

沒特色的我

在我還沒成爲補教數學老師之前，我最怕三件事：

一、在人群面前講話！

二、在人群面前講話！

三、在人群面前講話！

你看我強調三次，就知道我多害怕了！

回想在高職要考科技大學前夕，需筆試也要面試。天啊！當時一想到必須在人群面前講話，簡直就是我的夢魘。

我通過筆試進入第二階段的面試後，和大部分的學生準備面試的方法差不多，一開始都依賴學校幫我們準備教授們可能會問的問題，我也到圖書館找許多如何準備面試的書籍來應戰。

爲了勝出，我特地去請教一位大學教授「該如何準備面試？」

聊了一個多小時，教授給了我一個結論，就是你要有「特色與獨特賣點」，這麼個看似大家都能給我的答案，礙於我不得不找出自己的特色，回家路上一直思考「我有什麼特色？」「得獎嗎？」「有好的專題嗎？」然而，這些我通通都沒有。

接著我思考「沒有特色怎麼創造特色？」我開始尋找有什麼方法可以創造個人特色，當時我想到有個方法，就是把所有

教授的名字、長相、研究方向……都記起來。於是我上網把全系教授資料整理後列印下來，每天熟記三到五次，我知道不這樣記，到面試的時候會有緊張感，腦筋很容易一片空白。

到面試當天才知道，八位教授同時面試一位學生，當時這個陣仗只讓我膽顫心驚、頭皮發麻。

當天口試教授們一共問了三個問題，這三題到現在我依然記憶猶新，但腦海裡關於當時回答的內容卻是一片空白。因為前兩個專業問題我根本答不出來！第三個關於生活常識的問題「為什麼把一杯水從冰箱拿出來，過一會兒杯子外面會有水珠？」我也是答得哩哩喇喇（七零八落）。

當時共有十五位同學參加面試，只錄取三名，而我最後正取了。

由於面試前在休息室等候的時候，有個父母聊天時問起每位同學的筆試成績，讓我知道自己筆試成績不是前三名（大約落在第十名左右），那我為什麼最後還能正取呢？

其中一個祕訣就是每當回答任何一位教授問我的問題時，我都加上對方的姓氏，恭敬地回覆：「鄭教授你好，這……」

試想，在所有學生都是第一次見到口試教授的當下，我卻能正確且禮貌地稱呼每一位口試委員，如果你是這些教授，對我印象會不會比較深刻呢？

這是我第一次公開我面試時的眉角，我能預期看過這本書的人都會開始使用這個技巧。利用此方法其實是為了與人拉近距離，在教授們心中留下強烈的正面印象，而我的與眾不同也就在此時增加了教授們的印象，雖然我面試問答分數不高，但

其他分數卻悄悄地被拉高了。

有關更多面試的眉角，我都寫在這本書裡。

現在再偷偷告訴你一件事，達成任何目標不需要特殊才能，也不需要高智商，關鍵在於你是否知道以下的差異：

1.「能力」與「方法」的差異
2.「人性」與「非人性」的差異
3.「努力」與「眉角」的差異
4.「知識」與「智慧」的差異
5.「表象」與「本質」的差異

舉個例子來說，有人問牧師：「牧師我在祈禱時，是否能吃東西？」牧師回答：「No！」又問牧師：「牧師我在吃東西時，是否能祈禱？」牧師回答：「Yes！」

有些時候換個方法，倒著做居然就行得通，妙吧！

父母常告訴孩子努力很重要，但到了學校老師又說用心比努力更重要！

不管父母或是老師說的，如果讓我說當今什麼是最最最重要的，我會說學會「作弊」，才是人生中最需要學會的一項技能。

你對畢卡索這位藝術大師應該不陌生，他是位天才畫家，有別於其他偉大的畫家，竟還是位行銷高手。當畢卡索還沒沒無聞的時候，他請了一些人來到當時有名的畫廊藝術一條街，逢店就問：「這裡有畢卡索的畫嗎？」剛開始老闆們總不以為意地說：「這裡沒有畢卡索的畫。」緊接著第二位客人來詢

問，第三位客人再來詢問……

接下來發生的事情可想而知，這些畫廊的老闆們開始到處詢問哪裡可以進畢卡索的畫！就這樣，他名氣愈來愈大，作品價格也迅速翻倍。

當你長大埋怨父母為何沒有留財富給你，或者沒有家庭背景可以依靠，你知道原因是什麼嗎？

據我觀察，大多數情況都與父母沒有學到「作弊」的方法有關。

做生意需不需要有作弊的技巧？比如拿訂單。到哪裡都有辦公室文化，受歡迎的人需不需要有對人處事的技巧？這關乎到加薪、升職。說白一點，任何一位成功人士都藏有一招，而這一招就是他們不為人知的「眉角」。

因此，今日我們要追求的不一定是多高的學歷或考取很多證照，但生存闖關的策略卻一定是不可捨棄的，這關乎於個人認知以及行為的影響力。

在開始閱讀第一章前，先問你一個問題：「如果你擁有達成任何目標的方法，那你會想達成什麼目標呢？」

現在，你做好改變人生的準備了嗎？

本書某些章節有練習及建議，幫助你一邊思考，一邊傾聽自己的聲音，有助於你挖掘更多有效的方法。請你務必思考後，親手練習並與自己互動，此階段至關重要，能夠培養你的思維，有時更會冒出令人興奮的靈感與絕招。

「不會唸書的我，如何從放牛班考上台大理工研究所？」

「我二十歲負債千萬，如何用七年時間還清債務？」

「在我沒有能力的情況下，花六個月的時間月薪破十萬。」

「花半年的時間，我邊寫碩士論文，同時跨領域考到甲級廢棄物處理技術人員證照。」

這都是我的真實經歷與人生體驗，你好奇嗎？

我從小到現在都是個「記憶力不好的人」，沒有出色的天資，至今卻創造出屬於自己的一片天，關鍵不是因為我「能力」有多好，而是我知道該如何找到最核心的「眉角」，去達成自己的目標。我想，本書內容擁有多少的銷售量並不是我在意的重點，我只在意你聽完故事後能否找到或開創屬於你自己的「眉角」。

陪你深入探索眉角的浩瀚世界

蔡思亮

撰於台灣台中 2024年2月

目錄

序言　　　　　　　　　　　　　　　　　　　5
仙草凍的啟示錄　　　　　　　　　　　　　　7
沒特色的我　　　　　　　　　　　　　　　10

第一章　掙脫枷鎖

問題就是答案　　　　　　　　　　　　　　20
沒有能力，也能成事的眉角　　　　　　　　23
在放牛班的日子　　　　　　　　　　　　　30
從沒想過要考台大　　　　　　　　　　　　32
問題的價值　　　　　　　　　　　　　　　34
本書的真相　　　　　　　　　　　　　　　35

第二章　讓人不求進步的方法

他們只告訴你別這麼做　　　　　　　　　　38
人性與非人性的差異　　　　　　　　　　　41
賭氣會怎樣　　　　　　　　　　　　　　　45
認知限制想像　　　　　　　　　　　　　　48
考試機器人　　　　　　　　　　　　　　　52
應試教育的機器腦　　　　　　　　　　　　57

第三章　千萬不要模仿成功人士

注意邏輯不通的成功話語　　62

問成功人士幾件事　　64

邁向成功的好方法　　68

人類極限的奧祕　　75

第四章　軟知識

顏色決定命運說　　78

從心理價值切入　　81

冰淇淋效應　　87

第五章　倒行逆思

防止挫敗情結　　94

反其道而行　　98

有誰喜歡被打槍　　101

他人負評很珍貴　　104

歡笑即溶挫敗感　　106

寫作的終南捷徑　　108

第六章　空降特戰部隊的啟示

標準是什麼　　112

生命當標準的真諦　　115

每個人心中都有個標準　　119

化去標準的黑暗面：標準得有彈性　　121

標準的力量　　124

第七章　你是什麼咖？

拓展人生　　　　　　　　　　130

開創力　　　　　　　　　　　131

有否創連的捷徑　　　　　　　136

找方法來開創　　　　　　　　139

摸石過河試水溫　　　　　　　143

知難而進　　　　　　　　　　146

以人事物為鑑　　　　　　　　148

第八章　幻覺力量

陽奉陰違　　　　　　　　　　152

虛擬宇宙　　　　　　　　　　157

理性目標　　　　　　　　　　161

弄假成真　　　　　　　　　　164

改變一個人祕訣　　　　　　　167

五感的遊戲規則　　　　　　　169

靈魂之窗　　　　　　　　　　172

語言的現象　　　　　　　　　176

腦科學的觀想術　　　　　　　181

最原始的力量　　　　　　　　185

第九章　考上台大的祕密

沒毛的人　　　　　　　　　　188

出發前先探路　　　　　　　　190

提前的力量　　　　　　　　　193

高段的堅持力 196

吞餛飩 199

兩個關鍵時刻 202

彎道超車 206

金魚腦 208

勝負轉折點 212

放棄的力量 215

一張紙 217

回歸閱讀，學習思考 219

致謝 220

第一章
掙脫枷鎖

能力是Shit（死的），方法是活的

問題就是答案

　　我有個好朋友，在二〇〇四年國家考試的高考、特考、技師考全都高分通過，去年在政府機構服務滿十七年。某一次閒聊時得知，朋友的兩位小孩漸漸長大，每個月家庭開銷越來越高，開銷不外乎二十年的房貸、保險、學費、才藝費……，然而公職的薪水跟不上開銷，他說：「近三年，我們每年有兩個月入不敷出，工作也充滿各種壓力。」

　　有個上櫃公司長期與我朋友有業務往來，對於我朋友的工作能力、經驗有高度評價。某個夏天，公司告訴我朋友：「我們公司想聘請你，目前有一個經理的職缺，公司聘你的薪水是現在公職月薪的一點五倍，其中每年包含員工分紅與其他福利，工作內容是……」

　　朋友跟我分享：「起初他非常嚮往辭去公職並跳槽擔任經理，可以有效解決現在薪水不夠用的情形。但是與家人討論和自我評估後，在各方面的能力和經驗，可能還是無法勝任經理。」

　　我好奇的追問朋友：「你是如何和家人討論這件事情的？」

　　他說他問老婆：「辭掉公職，妳覺得我是否有能力擔任經理？」

　　他也問長輩同樣的問題。長輩反問他：「做不好會不會被

裁員？」、「退休後還有公職的保障嗎？」、「薪水比較高，是不是工時、壓力、責任也相對大，不見得可以永遠正常上下班。」

以上種種問題，朋友給我的答案就是：「自己應該沒有本事做這個工作。」

他無奈地告訴我：「就是沒辦法啊！誰叫我已經累積幾十年的公職，要離開熟悉的地方真的會怕怕的。」

當時我問朋友：「如果你沒有做過的事情，代表就沒有這個能力嗎？」、「三國諸葛亮，只做過農夫，從來沒有帶兵打仗過，他一開始就知道能打勝仗嗎？」

我建議他：「也許你可以去這家公司繞一繞、蒐集一些公司文化，並且和裡面員工交流一下、業界打聽一下，再作評估也不遲啊！」

你是否也有這樣的經驗？像我這位朋友一樣，一開始就被能力需求給制約了，甚至成了一種信仰，這絕對不是面對問題合適的解決之道。

從我多年對朋友做人做事的了解，他擁有當經理的條件，但從他的問句：「我有這個能耐嗎？」就能察覺他害怕被貼上懷疑的標籤，他不確定自己是否可以勝任這個工作，更害怕被裁員時的不知所措。

就是因為他沒有問自己「我跳出來接受挑戰，生活是不是會變更好？」

如此一來，我從朋友身上明白一件事，當一個人問自己問題，便可以馬上知曉答案！

正如同，

「問自己是否有能力？」會影響人的內心情緒；

「問自己是否有方法？」則會啟發我們的思考。

多數的方法說破了連一分錢都不值，但未知的方法卻是價值連城！眾多心理學家都證實，問對的問題是一種思維的衝擊，因爲它能改變你大腦的迴路（此方法會在第八章〈幻覺力量〉加以說明）。

瑞士心理學家卡爾·古斯塔夫·榮格告訴我們：「問對問題，難題就已經解決一半。」

大家都說找方法很重要，但是方法到底是什麼？又是怎麼運作的？

爲什麼有些人輕輕鬆鬆就可以找到高明的解決方法，有的人卻無法？難道找方法是天生特質？還是說跟人的思維及行爲有關呢？

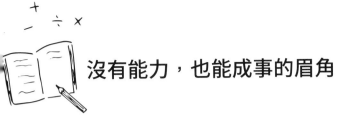

沒有能力，也能成事的眉角

英國小說家喬治艾略特：「成為一個你曾經可能成為的人，永遠不會太晚。」

我發現一件重要的事情，用一種自我提問的方式找方法，用得好無懈可擊，反之，若用得不恰當，將容易本末倒置。比如，我在二十三歲利用蓋瑞·布來爾所寫的《成功之翼目標設定法》，書裡面精心設計一套超過三百個問句，且包含了十個不同領域的目標。而我在回答這些問題的同時，就已經開始規劃自己的目標藍圖，使我專注於目標，並不斷的釐清問題、找出方法。原因很簡單，只需「用對提問，引導行為。」

當年我考取台灣大學研究所時，內心的自我期許就是好好學習理工相關的實務與理論，畢業後當一位專業的工程師，年薪至少一百萬起跳。

然而，當我考進台大研究所後，並非如此。

在學期間我觀察了一位同學，他每天下午五點左右就離開實驗室。某次與他聊天，才知道他五點之後都去當家教，對象是教國中數理，時薪五百元起跳，聽完當下令我嚮往，便起心動念也想當家教老師。當時我非常迫切地想賺錢，因為家裡還負債千萬。

一開始總摸不著頭緒，思考著應該要教什麼科目？

最後我選擇從剛考完研究所的專業科目教起，於是便開始

尋找學工程數學和微積分的學生。藉由這兩項科目，最終一個月裡只找到三位學生，畢竟想要學工程數學和微積分的學生是少數，所以我無法接到很多教學的案子。

但後來我靈光一閃，怎麼不教高中數學？全台灣補高中數學的學生是最多的，為何不將重心放到這一塊呢？

只是，沒有紮實學過高中數學的我，為此感到煩惱，若你是我，會選擇什麼方法補強自己的高中數學？於是我反問自己，並且寫下完成任務的最關鍵事項。

當時我想到三個最直接的方法：

方法一：選擇大補習班，當帶班導師賺錢，順便累積教學經驗。

方法二：請專業老師教我高中數學。

方法三：自學。

如果是你會選哪一個方法呢？

你知道嗎？

最後以上三個方法我都沒有做，但我只花短短六個月將高中數學學好，並且靠著教授高中數學讓月薪超過十萬。這也呼應了前面提到的重點，雖當下的我一點能力也沒有，但我依然找到方法讓自己成功學到專業、出門掙錢。

提醒你，我的方法是先有方向，而不求完美。

因此我大膽預測現在或未來，機會不一定是留給擁有能力的人，而是留給會找方法的人。

鴻海創辦人郭台銘常說：「成功的人找方法，失敗的人找藉口。」

這句話和我們從小到大灌輸的觀念很不一樣，從小父母、老師都告訴我們成功人士需要具備哪些能力與技能，卻從沒有告訴我們，需要一個專業英文人員當助理只需花錢僱用就可以，並不一定要花大把時間和金錢把自己英文學到和母語一樣好。而當大家都在做的時候，你只需要反向思考，大多數人認為的成功取決於智商，其實訣竅在於「找對方法」。

　　要找對方法，首先需要問自己還有什麼方法？

　　回想過去或現在曾因為你考慮到自身能力不足而裹足不前的事件，請你現在把它們翻找出來，然後問問自己還有哪些方法？我以前也常受到周遭人的偏見與對自身能力沒信心的干擾。「我有能力編好高中數學的教學講義嗎？」「我有能力創業嗎？」「我有能力成為作家嗎？」「我有能力環遊世界嗎？」「我有能力……」曾因為這些干擾而停滯不前。

　　如果我沒有即時停止問自己是否有能力做這件事，如今我不會是一位創業家、也不是一位作家，更不會在三十出頭就遨遊二十幾個國家……。

　　這需要你親身體驗和練習。花點時間把過去因自己覺得能力不足，而未完成或放棄的目標們寫下來，後面章節即將會告訴你，「該如何使用有效的方法達成人生中許多重要的目標。」

　　其實我本來也不覺得把自己的想法寫下來有什麼特別的。直到有次我請教一位名列前茅的學長，我問：「你平時如何規劃學習？學習有什麼技巧？」，學長當下分享了學習上的寶貴經驗。

讓我感到驚訝的是，學長幾本筆記的內容上，不僅有他一條條寫下的唸書技巧，還紀錄著他覺得有用的讀書方法。他告訴我，寫下讀書的方法以外、更重要的還需要掌控自己的情緒、人生目標……，他建議我一旦生活出現了問題，就拿出筆和紙把事情的經過、感受寫下來，也許在短時間內不一定會出現答案，這樣的方法卻能夠帶來許多積極的思考與自我反省。

　　而學長給我的這些經驗正是讓我考上台大的關鍵之一。

　　在繼續往下閱讀之前，你還必須注意，建立一個系統需要時間、練習和經驗。本書會提供你足夠的技能與實戰經驗，內容充滿洞見、建議，有助於你挖掘更周詳的體會及思考，助你朝目標一步步向前。所以，當你遇到艱鉅的任務時，請先不要自我否定。

　　此時你心裡一定在想，真的不要想這些問題就能達成目標嗎？

　　沒錯，即使有些你認為不可能的任務，當你對焦在目標上，問自己有什麼方法能完成，並踏出你的舒適圈時。那麼，奇蹟便會隨之而來。

　　舉個歷史上的例子，美國職棒大聯盟是全世界棒球的最高殿堂，平均年薪都千萬台幣，最高年薪更是數十億台幣，就算你在大聯盟的板凳上，都沒有上場比賽，但你依然並非泛泛之輩。

　　你覺得殘疾人士有可能站在大聯盟場上比賽嗎？

　　如果我沒有親眼目睹，我定然不相信有殘疾人士能上美國職棒大聯盟，然而歷史上卻不只一位獨臂人在大聯盟比賽。

你若看大聯盟的歷史紀錄片，就可以知道傳奇人物吉姆·亞伯特，就算他天生只有一支手臂，也可以在大聯盟中投出無安打比賽榮獲八十七勝的光榮紀錄（王建民也只拿到六十八勝）。

正是因為這樣，我開始喜歡蒐集一些原本毫無能力，找到方法後卻創造奇蹟的故事，因為它們總能帶給我啟發、正面與積極的態度。不難發現，我們在努力的過程中，必須找到克服先天劣勢的方法。

比如吉姆·亞伯特的父親雖不是教練，也沒有受過專業訓練，但是為了克服兒子吉姆·亞伯特防守上的問題，他發明了一個分段接球法，而也正是因為有這個方法，才有今天的吉姆·亞伯特。

別懷疑了，任何目標只先需要拿到入場票，方法、靈感必然會隨之跟上。

再來，就是設計、發展自己的一套策略，找到屬於自己的策略，簡單來說就是建構完成目標的流程。

回到當初沒有學過高中數學，且高職畢業的我，剛開始沒有考慮太多，便把所有想到的方法寫下來。如果沒有這樣做的話，我恐怕只會在自己內心戲上打轉「我真的可以學好高中數學嗎？」、「如果去教高中數學被考倒怎麼辦？」這種情況要達成目標更是長路漫漫。

我當年寫下超過二十種要教高中數學的方法，例如：應徵當補習班班導師、請數學老師來教、看YouTube學習、每天自學十題高中數學、我認識的人誰會高中數學、先找學生後學習、閱讀如何學高中數學的書籍等方法。這種找方法的方法是

我喜歡用的技能之一，先不管好壞，你可以想到什麼就先全部寫下來。

儘管你已經照著做，全部寫下來依然無法完成目標，那正是因爲還有兩個關鍵技術需要你考量及學習。不過最重要的還是先讓你大腦成功學會「找方法」。往後的日子，遇到「能力需求」侵犯了你的情緒時，你只須問自己還有多少方法可以解決問題、達成目標。

別忘了，我們每個人都曾做過白日夢，按部就班的生活中我們依然做著白日夢，寧可平庸的活著，也絕不冒險爭取。

或許，所有美好的想法都變成了靜靜地等待。等待什麼呢？更有能力？還是貴人的出現？其實，你只是沒有勇氣去顛覆那個習慣的自己，更可怕的是，時間不會等待你，會使你不再好奇、不再去探索那些未知領域。你心裡可能早已厭惡千篇一律的生活，何不拋開一切，聽從自我的內心，問問自己最想做什麼？

記得靑少年的時候，我還待在自己的舒適圈，過著安逸的生活，因爲父母讓我衣食無憂。但十八歲那年，家中遭逢巨變，在此之後我開始習慣把目標設定的很高，那種難以置信的高。我覺得這些事離我很遠，在別人眼中更是好高騖遠。

大學開始，我邁出人生第一步，試著半工半讀，設定考台、淸、交、成的研究所，到後來當了補教老師，再開創一間高隼運動公司，還有一個牛般學習學院。今年我更嘗試當了作家，都完全沒有經驗，也無人傳授。過程只是靠不斷找方法、自我反省、積累經驗與督促自我。你心裡可能有疑問，從好奇

到成功，需要走多遠的路？我想說的是，可能只需要一步，但邁出第一步不簡單卻重要，那就是「找方法」。

然而，許多人一輩子都不敢邁出第一步，在日復一日的生活中磨不了好奇心，而當好奇心不再時，激情也就慢慢消退。

現在的你，對白日夢還有激情嗎？

在放牛班的日子

我父親讀到小學四年級就沒有繼續就學、母親也只有國小畢業，所以父母從小對我要求寬鬆，雖然從不覺得自己哪裡比人家好，但是很幸福的我感謝父母讓我吃、喝、玩、樂一樣也不缺。

記得剛唸國中不到三個月，某天班導師就對我說：「明天你就去一年十九班上課。」後來我才知道，自己被下放到體育班，也就是當年的放牛班。

可能是我太調皮、不受控制，才會被導師調到放牛班受管教，於是原本就不唸書的我，到了這一班，就更調皮、更愛玩了。標準的，每天就是上課一條蟲，下課一條龍，放學回家書包空空，就這樣，渾渾噩噩的把我國中三年給唸完了。

當時聯考分三種升學考試，分別是高中、五專、高職。我跟媽媽拿了三個報名費，卻只報考高職，因為我知道自己高中和五專一定考不上，於是抱持著應付學校考試的心態，進考場就亂猜，寫完趴著睡覺等交考卷。

而當年的分發制度是抽志願，分數高的可以先進去抽你要的學校與科別。記得當時沒有想太多，只因為看到「國立」埔里高工機工科就抽，回家才告訴父母我要去埔里唸書了。

也真的是巧合，進了埔里高工機工科後，剛好被分到甲班，又恰巧是體育班，是棒球隊、女壘隊、射箭隊、籃球隊、

田徑隊、划船隊的大組合。班上超過一半的體保生只需要每科學期成績四十分就算及格，這樣的學習環境你覺得如何？像我這種學渣，都能應屆考上台大理工研究所，那此書其中的眉角是不是值得你參考？

從沒想過要考台大

　　一九九九年，我十七歲那年，正逢九二一大地震。有天媽媽告訴我，家中遭逢巨變，一夕之間被人倒債千萬。外面友人欠我家錢不還，當時家中還有三棟房子，每年房貸利息將近百分之十，短時間因無法償還，父母只能宣布破產，也因此從那時候開始，我的學費繳不出來，讀書只能辦就學貸款。

　　現在回想起，因被別人惡意倒閉所導致必須背負上千萬債務的兩個原因，其中一個就是，父母太相信朋友，基於信任借錢給朋友；再來就是沒有用法律來保護自己，於是當朋友雙手一攤、不想負責，只想拍拍屁股走人時，我們也只能負債。

　　面臨家道中落，父母的壓力非常大、精神壓力也很重。因為逼債的關係，家母曾差點從十二樓跳樓輕生，事後我告訴債主們，如果我父母無法償還，我可以替代他們，只希望你們給我時間，於是我背書簽本票，負債餘額超過千萬，當時的我僅僅二十歲。

　　許多朋友問我：「你為什麼要背書呢？法律上不是能放棄繼承嗎？」我的回答是：「我們是一家人，不後悔父母給我承擔的義務。」而對於開始負債過生活，我沒有時間抱怨，也無法停止行動。

　　到了大三，我和家人商量：「大學畢業後是要繼續升學，還是出來工作呢？」我爸媽給我的回答是：「不差你出來工作

三、五萬的薪水！」

於是我生平第一次拿著錢，和我一位挺要好的同學一起去找考研究所的補習班，並詳細了解師資、課程安排以及組別選擇等等……。

最後我好奇地問櫃台小姐：「哪些學校比較好？」

小姐回答我四個字：「台、清、交、成！」

我轉頭向同學問道：「這是哪一間學校啊？」

櫃台小姐忍不住笑了出來，對於當時什麼概念都不懂的我，聽她們解釋後才知道，台、清、交、成是四所台灣頂尖的大學（指台大、清大、交大跟成大）。

現在回想起來，真是一個天大的笑話，當初連台、清、交、成都不知道的我，竟然無所畏懼，把目標設定在這幾所學校。

有句話是這麼說的：「你人生的成就，不會超出你的認知。」但我得說，在這之前，唸好書的確不在我人生的清單中。

問題的價值

一個人的認知優劣，從問的問題就能看出來。

愛因斯坦曾經說過：「提出一個問題往往比解決一個問題更重要。因為解決問題或許只是一種技能，而提出新的問題，新的可能性，或從新的角度去看舊的問題，都需要有創造性的想像力，這也象徵著科學的真正進步。」

這邊會將問題作為方法，畢竟同樣一件事，每個人問的方法不盡相同。

例如：我曾經在網路上看到一位大學生，很想要買一支高階手機，但身上錢不夠，於是詢問網友如何才能貸款這支手機？

以上例子很寫實，在很多人身上會發現，他們都搞錯了問題，以此例子來說，問題不在該如何貸款，而是如何控制自己購買高階手機的欲望。所以問題會決定解答或解決的走向，有問題成形之處，依然容易牽扯到許多複雜的價值觀與偏見。

有時自己的問題是不可取的，確實存在諸多誤導性的思維框架、知識體系、言談，那該以什麼問題作為方法呢？

後面，我將與你分享多年有效應用的方法。

本書的眞相

　　閱讀到目前爲止，你可能對我接下來的內容已有些許疑惑。

　　什麼是我的專業技能？

　　關於自己沒有能力時，我內心在想什麼？

　　我能對讀者有同理心嗎？

　　國中、高職都在體育班的我，小時候不會唸書，還是個麻煩精，且父母連識字都有問題，生長在這樣的家庭環境下，我大部分的時間總想不通爲何需要待在學校學習，對當時的我而言，長大又不一定會用到。

　　直至18歲那年，家中面臨破產，大三後才漸漸改變自己對於「學習」的思維，找盡任何可以考上台大研究所的方法，最終花了一年半的時間努力考上台大研究所。

　　對於不喜歡唸書的人或者不會唸書的人，我之所以懂你，正是因爲我也曾經是這個樣子。

　　二○○七年，我畢業於國立台灣大學的工程科學與海洋工程學系碩士。之後我當兵是自願服役於空降特戰部隊，並在補教教學超過十九年的資歷。

現在，就讓我把所學透過本書傳授給你，讓你有機會執起打開眉角之門的金鑰。

你準備好了嗎？

第二章
讓人不求進步的方法

透視不上進的因素，更有效率的提升自我！

他們只告訴你別這麼做

有句話是這麼說的：「船停在港口是最安全的，但那不是造船的目的。」

在人生中，一定有人會告訴你，如果你把船開出港口會有多麼危險，會遇到各種困難，但你若不敢啟程，便無法創造船的價值與意義。就如同你生活中受到強烈偏見與歧視打擊的影響，但旁人首先會認為你的能力不過如此，並不是關心你所遭遇的挫折。

最讓我無法忘懷的一件事，是發生在我就讀埔里高工三年級時，當年報考科技大學推薦甄試的規定是一校一系，而那一屆機工科全班四十幾位同學，只有兩位報考國立科技大學，其中一位就是我。當天消息傳開後，有位科任黃老師，上課時當著全班同學的面，直接諷刺我倆：「報國立科大的兩位同學是想要幫別人付奶粉錢嗎？」老師發問的當下我還無法意會，直到他越說越酸我才明白他的意有所指：你們兩位為什麼要去當砲灰？

每回想起這件事，總覺得令人難過，為什麼黃老師當初不這麼問：「你們該如何備考，才能考上國立科技大學？」或是鼓勵性地說：「這個挑戰你們需要更加努力才行喔！」

或許他沒有十足的惡意，但他的偏見與歧視，早已經造成我們兩位學生內心的傷害，並在我心中久久揮之不去。

假如當初這位黃老師是我的班導師，想必對我往後的人生一定會大受影響，我敢肯定不是什麼良好的影響，更應該說，我可能因此與高雄應用科技大學無緣，往後的人生也不會有多大的抱負。（說個題外話，我就讀的埔里高工機械科原本只有兩位學生填國立科大，但因為一九九九年發生的九二一大地震，學校受到地震極其嚴重的影響，停課好幾週，政府為了補救受災學校學生的損失，提供了九二一地震專案推甄招生名額，於是校內機工科填國立學校的人因此變多。）

　　試問你過去是否有類似的經驗，因為別人的偏見和歧視影響了你，讓你尚未嘗試就想放棄？然而，現在的你可以重拾你的夢想、目標，做自己人生中的主人，別再因為他人的言語而放棄遠大的理想。

　　本書有義務告訴你：「你沒有失敗，只是還沒找到方法而已！」

　　這裡提供你一個察覺技巧，解決問題的兩種態度：

　　・第一種態度：解決發生（出現）問題的那個人。

　　・第二種態度：解決問題本身。

　　就拿我上面的親身經歷來當例子，科任黃老師也在解決問題，只是他選擇最輕鬆的方法，那就是藉由言語偏見，解決發生問題的人，只要我和另一位同學因為不自信、羞愧而改變志願，將不再出現這個問題，機工科也不再會有人去雞蛋碰石頭。而這類事件通常只將注意力放在出現問題的人身上，最難做到的反而是直面問題本身。

　　也就是說，大部分的人都在思考著如何讓人進步，在客觀

的條件下選擇創造環境、給予資源或提供學習……。但現代教育方式盡力給予完善的學習條件，卻反而助長更多不求進步的人。

假如你希望成為有意識並追求進步的人，首先必須避開那些非常人性化且填鴨式的毒藥。就好比父母用百分之兩百的真愛對待小孩，盡可能花大把的金錢將小孩送往貴族學校，給他最好的環境與資源，但也因此用了一套最簡單、讓人不求進步的方法在教育他們。很多時候，你一心本來想幫忙，結果卻適得其反。

人性與非人性的差異

在現實的世界談人性，我們人類應該會絕種吧。

這裡的人性並非指普遍意義上的「人性」。

曾經在書籍看到一個隱喻，如果把一個人、一隻貓、一隻狗和一隻獅子關在一個操場般大小的籠子裡，過不了多久獅子餓了，人類應該是第一個陣亡的。

不過，現實生活中，人類卻居於生物鏈的頂層。這其實正是我所要談的重點：非人性。你可以觀察，如果「人性」在生活當中超過一定的比例，會使得人無法發揮自身應有的潛能。

以前我是一位眼高手低，總自認為自己很行的人，只要我立下的目標都認為可以實踐，但到頭來沒一樣達成，原因就出自於，我總按照自己本能在生活。（這裡的本能，就是所謂的「人性」）。

心理學家說：「半途而廢或放棄是人的本能，自我約束是違反人性。」

不妨親身體驗一下，你要讓一個人不求進步，只要對方放縱自己的「人性」即可。那什麼是人性？人的天性有懶惰、放棄、自私、虛榮、恐懼等本能。我誇張一點講，比如你想要讓孩子變成生活白癡，就用最「人性」的方式對待他，只要求孩子好好用功讀書、休息、吃飯、睡覺，其他的事交給大人即可。而當孩子遇到任何問題，大人第一時間跳出來面對，這些

行為就足以使小孩不求成長。

再好比你想要讓同學成績退步，你就跟他說：「我上課幫你抄筆記和畫重點。如果你願意的話，我再幫你寫作業！」

其實，要追求進步，為自己或別人開啟躍進的大門，使用「非人性的理智腦」才是關鍵。

但，要開啟理智腦難不難？

就好像野獸拳王泰森，我們先撇開拳王泰森的天賦，泰森教練給的訓練計劃是每天早上五點起床跑五公里，接著十組木箱跳躍、十組短距離衝刺跑，大約花二個小時後，再為實戰前的跳繩熱身，而你光是看泰森跳繩的影片就知道有多震撼了。泰森跳繩熱身後，還必須進行十回合的實戰訓練。直至午後三點，開始進行一個小時固定腳踏車的訓練、一個半小時的打擊速度球和沙袋訓練。五點過後，做兩千個仰臥起坐、五百個伏地挺身、拉單槓五百下、五百個三十公斤平舉啞鈴以及十分鐘的頭頂地橋式訓練。

這一連串非人性的訓練，目的就是讓泰森在拳擊賽中，以最短的比賽時間一拳徹底擊潰對手。

人性與非人性本是弱化能力和開啟進步的分支，不明白這兩個差異的人，便很容易受到過度依賴人性的陷阱，如同兩面刃各有利弊，雖能助己，卻也傷己。我們根深蒂固在家靠父母，出外靠朋友的觀念，卻很容易發現某些人性讓你耽溺那些得過且過的心態，使你不求成長。

有次我在網路上搜尋學霸們如何準備考試？這些學霸、榜首們都有自己的一套學習方法，然而，牛人唯一相同的特點，

就是能長時間在挑戰區刻意練習，對自己毫不留情。

我只用五百五十天考上台大理工研究所，很多人問我是如何辦到的？

其實整件事情我也覺得有些訝異，因剛開始決定考研時，我內心再清楚不過，這次考試對我來說準備地特別晚，甚至有些人從讀國中開始就準備這一戰。

剛開始上網查詢各大學的招生簡章，我發現第一志願的科系入取名額都是個位數，全國少說有上千位天才來參與他們即將收割的稻穗，我心想，這不就是貴賓狗對藏獒，我豈不是去送死嗎？

後來我又查詢各學校的入取分數，有個重大的發現，一流的學校錄取分數平均落在六十分。

此時我告訴自己，應該做點什麼，萬一我能考上呢？

要考就考最好的，既然我已經不能站在學霸的起跑點上，但至少有件事情我必須要做到，那就是貫徹自己一天唸十二個小時以上的書，至少給自己一點希望。

決定後我在學校宿舍的圖書室唸書，這裡剛開始挺熱鬧的，有很多學長和同學一起為自己報考的研究所而努力，過沒多久，我開始疲憊不堪，抬頭看看四周，發現原本熱鬧的場景早已不在。準備研究所的考試是一件痛苦的事情，不要說坐著看書燒腦十二個小時，光是坐個兩天應該就會腰酸背痛。有次不知為何，可能是免疫功能下降，看書看到兩隻眼睛發紅，去看醫生才知道眼壓過高需要休息，但我隔天依舊坐上書桌，為考上研究所而努力。過年期間，我甚至只有除夕和家人吃個

團圓飯，大年初一睡飽後便獨自從台中坐車到高雄繼續準備考試。

你可以觀察一下，如果你做的事情毫不費力，大部分的過程通常只是在浪費自己的時間。但別聽我這樣一說，就對自己或別人開啟非人性的管理，以為這樣就可以幫助自己或他人成長。如果這麼簡單，我就不用寫這本書了，我得把現實真相告訴你。

針對自己或他人在非人性生活的訓練，不僅僅是字面上的意義，你得先搞清楚自己的動機為何？究竟是要鍛鍊自己抗拒誘惑的意志力，還是想獲得知識上的增長？是為了晉升？為了健康？又或者僅僅是為了解決自己懶惰的壞毛病……

你應該先問問自己：「如果有這麼一天，你能為自己目標努力不懈的技巧是什麼？」如果你已經找到方法，那恭喜你，你人生的步伐將會相對穩健，歡迎寫信告訴我，你使用了哪些方法！

而如果你還沒有找到方法，我再更深入問你：「如何確認自己是否有動腦，讓自己為目標努力不懈？」

答案很簡單，那就是思考。如果你經常對自己或他人使用強迫、威脅、打罵、恐嚇或軍事化管理的方法要求進步，那代表你也沒有在思考。

你可以利用三、五天的時間，去思考我問的問題，你想如何解決？

而你會不會因為我剛剛說你可能沒在用腦而賭氣呢？

賭氣會怎樣

　　我從小一學習就頭痛，對唸書一點興趣都沒有，對自己更是沒有抱任何期待。

　　國中時，我印象特別深刻的有兩個科目，分別是地理和英文。記得，有天地理老師說要換一位地理小老師，直接點名我來當，當下無法拒絕，於是接下了這個工作，執行老師對這項工作交代的所有任務。

　　原本從不會帶任何一本書回家的我，書包總是空空如也，但自從當了地理小老師一陣子，難得的事情發生了，我居然開始會帶地理課本回家看，過不久我的地理成績也慢慢進步了。剛開始我認為自己應是對地理有興趣，直到最終才發現，原來是因為喜歡地理老師賦予我小老師的職務，而喜歡上地理。

　　國中教我們放牛班的英文老師，也是資優班的導師。她是一位分數論的老師，經常花去課堂前半小時的時間說：「像我們資優班怎麼樣認真，你們班又怎麼樣不用功。英文高中要學、大學還要學、英文很重要……，好了，我嗓子講到冒煙你們班還是不會改變的。」英文老師罵我們時，什麼難聽的話都直接來，在每次隨堂測驗後總是被教訓，段考後更是用盡心力摧殘我們的心靈。某次，她一如往常認真教訓我們，平時對英文老師冷嘲熱諷都當耳邊風的我，沒想到那天卻被她投射在我們身上的歧視眼光激怒了。

我選擇開始認真地唸書來維護自己的尊嚴嗎？

不，我認真地進行無聲反擊。那天之後，我隨堂考單字連作弊都不作了，此後小考都空白。原本就不喜歡學習的我，因為她更加倍厭學了。反正，我就是對英文老師充滿極強的怨念而賭氣。

但是，賭氣之下的情況有兩種，一種能夠把自己往上帶；另一種只會讓自己心情走低。

比如我前面提到的科任黃老師，從頭到尾就沒有想改我報考國立科大的意思，他的一席話讓我為賭氣而努力。但檢視另一件事，不得不承認我當時的智慧不夠高，自己幼稚地與英文老師賭氣的方式根本毫無意義。

如今，我已切身感受賭氣能讓人勇往直前，也可以讓人不求進步。

不過，我想都沒想過真的有那麼一天，會有同學因為賭氣選擇消失。這事情發生在我大一時，才剛在課堂上見過面，卻因為與女友分手賭氣而結束生命，隔天就得知同學走了。當時班導帶我們幾位同學參與同學的告別式，看著他的照片，腦中不禁浮現最近一次和他在學校餐廳用餐的場景，能拼湊的記憶實在不多。

關於賭氣這事，有多少人每天沉浸在賭氣中？當你徹底地想要反轉現在的絕境或者完成一個難度極高的目標，那恭喜你，最差的情況已經過了。反觀，當我們賭氣甩臉，很多時候只會將情緒毫無保留的表現出來，這不過是拿別人的錯誤來懲罰自己，容易使自己不求進步，還壞了性命。

賭氣是我們內心的關鍵種子，足以影響價值觀的上升、下降。

那你現在明白什麼是值得賭氣，什麼是不值得賭氣的事情了嗎？

不想因爲賭氣把自己的未來搞砸，那就需要花點精力去理解「情緒的價值」。

認知限制想像

哲學家叔本華說過：「多數人都把自己視野的極限，當作是世界的極限。」

想問你：「你不知道的事情，它存在還是不存在？」

艾西莫夫在一本科幻小說提出一個理論，大意是說：想像一下我們搭乘時光機回到一百七十年前，你拿著台灣一○一大樓的照片給當時的人看，那他會有什麼想法？

一百七十年前這個人會覺得，人住在這麼高的地方，最頂樓的人應該很辛苦，因為上下樓梯要花上一整天的時間，因此他覺得每層樓都會發展出一個獨立的經濟體系，會有學校、餐廳、商店等……。那當你問他：「你會買哪一層樓呢？」，他可能會不經思考直接告訴你，當然會買低層樓，又告訴你低層樓的房價肯定比高樓價格還要高，原因是在低層樓的人比較容易出來。

如果你再仔細問下去，你會發現為何過去一百七十年前和今天的真實場景會差距這麼大？不難發現，一百七十年前還沒有發明電梯，而這正是電梯效應。當現實中我們缺了一個關鍵的想像技術，再繼續發展下去，細節越多，偏謬也就越多。

可怕的效應是，人對沒有看過的東西是無法想像的。

那麼人類到底應該先相信才會做到，還是先做到才會相信呢？

我是位放牛班的學生，我想要考台灣大學理工研究所，有可能嗎？

　　我也是位二十出頭歲負債千萬的研究生，我需要短時間還清債務，有可能嗎？

　　我還沒學過高中數學，我想要靠教高中數學賺錢，有可能嗎？

　　我從來沒有創業經驗，我決定創業當老闆，有可能嗎？

　　我從小到大從沒好好學習寫過一篇作文，我想出書，成爲一位作家，有可能嗎？

　　這些我一開始從沒具備的能力，卻一一過關斬將，只因爲找到關鍵技術。告訴你一個祕密：找方法其實是我們的本能，唯獨找方法的功力有分層次與效果而已。

　　當我們還是嬰兒時，就會找方法來控制大人，例如：嬰兒小哭、假哭、大哭，或躺在地上嚎啕大哭，直到目標達成爲止，而這些方法根本無需傳授。長大後我們依然在學習找方法，追女朋友在找方法、出社會賺錢也在找方法、維持家庭幸福還是在找方法，只差在每個人的方法是不是經過雕磨過的而已。

　　尙未找到關鍵技術之前，你先別急著放棄！

　　再次強調，想要完成不可能的任務，首要考慮的一定不是自身的能力。說到能力，它其實是一個既頑皮又愛開玩笑的小惡魔。

　　今天，你可以做的一件事情，就是先寫下你對以前、現

在或未來覺得不可能達成的目標，並思考想要達成它的十個理由。

而我其實相當不願意為這些理由訂下一個數量，如果你原本可以寫超過十個理由，只因為我說請寫十個，你就被我所框架了。希望你能有自我標準，在第六章〈空降特戰部隊的啟示〉即將告訴你自我鞭策的標準。往後的練習，多少個也僅僅是參考，未必適合所有的讀者，也或許你能寫出二百個理由也說不定。

你發現了嗎？如果剛剛告訴你只要寫三個為什麼要達成目標的理由，那麼多數人是不是只會找三個理由！？

令人費解的一件事是，不求進步的方法居然只要限制人的思考就可以了。

而你內心可能產生質疑：限制一個人的思考容易嗎？

我可以更具體地告訴你，連未發生的事都可以將錯誤記憶植入你的腦袋。美國心理學家伊莉莎白・羅芙托斯研究指出，目擊者的記憶會被外界所暗示、創造、建議或植入錯誤的記憶。

其中有個兒童被綁架的案例，一開始被害兒童被警察詢問歹徒的長相時，他沒辦法清楚的描敘，當警察抓到嫌犯，新聞也一直重複播嫌犯的長相，原本對歹徒印象模糊的被害兒童，最終便會將嫌犯特徵套在自己對歹徒的記憶上，當兒童下次去指認時，兒童肯定會百分之百篤定歹徒的樣貌及特徵。

你可能以為兒童才會這樣，但研究顯示植入錯誤記憶不分男女老少。

現實生活中，我們可以被植入錯誤的記憶。相反的，如果能將有利於自身價值的資訊在自己腦袋內播種，對你來說有沒有幫助呢？

然後，不瞞你說，限制你的思考有兩個最大的根源：其中一個往往來自原生家庭。

考試機器人

　　從卵子與精子結合的那瞬間，人生注定是一場排位賽。

　　我認識一位大姊，她常常跟我分享，她從小如何教育她們的小孩。兩位孩子從小沒有補習，但老大考上成功大學。有天聽她分享，正值高二的老二，可能因為老大考上第一志願，而對自我產生極大的壓力，甚至會拿利器割自己的手腕。

　　當下我並不意外，因我深有體會，從小就處在父母的情緒操控與打罵教育之下。就我的觀察，老二從小被父母隱晦的言語所影響，比如：這位大姊很喜歡在很多人面前稱讚她小孩有多棒，以此來教育小孩。做父母的以為這樣能讓小孩知道自己的用心，殊不知這些話，聽久了卻變成一種對孩子的壓迫。孩子心中的那道牆一寸寸加高，父母卻總在等待孩子開花結果，無形中成了一種交換。老大確實考得很好，父母認為老二努力勤奮應該也可以辦到，但是有時事實並非如此。

　　人類的第一任老師也是自己的父母，基本上父母什麼樣，孩子也會照模子翻刻。而我父母經常沿用上一代填鴨教育的方式教導我，直至今天依然使用各種「類比、恐嚇、激將、挖苦、親情勒索……，無窮盡的複製著上一代的教育方法。」

　　什麼是類比法？我媽常常隨手抓一位模範生來說：「你看同學小美，人家多用功，不用補習就考得很好，人家一放學就溫習功課，哪像你一回家就只會打電動。」

面對母親給我的同齡壓力，眞的有效嗎？

我仍然每天勤奮地打電動，時常打到插頭冒煙才肯休息。

恐嚇法，三不五時就會聽到我媽說：「你再不用功考試，我就把你的遊戲機丟掉。」小時候我拿到成績單，都會浮現出很多的畫面，不是媽媽揍我，就是把我的遊戲機摔壞。因此我從小就學會簽父母的名字，還教同學如何將成績單作假，讓拿回家的成績好看些。

至於激將法，直到最近母親也沒有閒著，時常問我：「書到底什麼時候要出？我聽你從二十出頭歲就說要出書，到現在都還沒有勒。」

親情勒索：「我們辛苦把你養大，爸媽是不會害你的，你應該⋯⋯」

你不知道這世界是如何一步步把人導入錯誤思考的境地。

嬰兒時父母炫耀超齡學習的方法、幼稚園時比誰學的才藝多、靑少年比成績高低、年輕時比誰的收入高、中老年比誰的孩子比較優秀、老的時候在比誰健康。不是我們把自己變成不動腦的人，而是這個世界刻意把我們變成不思考的人。

你可能想問我，對自己父母親的教育方法有怨恨或羞愧過嗎？

曾經有過，但當我眞正理解他們爲何會這麼做的時候，我已經成人了，能夠體會他們唯一的目的只是想要我更好。

你小時候是否和我一樣，父母不是給獎勵，就是給懲罰，這兩個方式便利又簡單，卻是一種短期操控。萬一沒有獎勵或懲罰的機制，會有什麼後遺症？有沒有比這兩個操控更好的方

法？

　　有的，我準備考研究所時，在一本有關神經語言學的書中學到一條不變的成功途徑，那就是先知道自己所求，你必須非常精確地界定自己所要的目標，也就是自己的理由。這種方式比起使用獎勵或懲罰，更能驅使我們去實踐與成長，第二步才是採取行動並尋找方法。

　　也許你好奇，我為何沒有深受父母親的影響？

　　我想，可能是我幸運吧。十五歲時我從台中離家到埔里求學，只有週末才會回家，其他時間都是在學校；大學到了高雄唸書，頂多一兩個月回家幾天；而研究所在台北，又更加忙碌，變成三、五個月才回家幾天。或許，好處就是因為我受到外界的影響比較大，敏銳度大幅提升，長大後便能深刻體會父母內心的想法與情緒。

　　然而，我姊姊就沒這麼幸運了。到現在姊姊偶爾也會提起她小時候厭學的原因，某天學校導師打電話告訴我媽說姊姊她上課愛講話、愛傳紙條，已嚴重影響上課秩序，而導師不知道還為此加油添醋了多少。只知道我媽沒有多過問，等姊姊放學回家後就直接開打，邊打邊罵，我爸也參與其中。

　　事後我姊不甘心的說道：「當天上課講話的不是我，是隔壁同學，被任課老師誤會卻沒有反駁機會，叫我站起來還教訓我。」如果你是我姊會不會生氣？

　　是的，因我姊想為自己辯解就對任課老師回嘴，於是當天消息馬上傳到導師耳邊，導師為維護當老師的尊嚴，我姊的未來因此產生了改變。

現實生活中也相同，父母的情緒常常讓小孩子產生最大的內耗。

總之先不管你習慣用什麼情緒過生活，都屬於正常，但最重要的是，情緒過後的結果如何？其實聰明人都清楚，知道情緒價值是什麼。只要消極情緒出現，不論結果為何，我們都必定成為輸家的一方。

然而，當你情緒價值降到一個極低的水平時，該怎麼辦呢？

理解情緒與自我覺察息息相關，人與人為何會不和睦？這部分我放在第六章〈空降特戰部隊的啟示〉告訴你。

先討論情緒價值，如果只能選擇人生一項非凡的技能，我會毫不猶豫選擇掌控自我的情緒。

有次我跟一位叔叔聊天，他說：「你所認為的你，不是真正的你，只是這個世界製造出來的你。而你的思想、你的習慣、你的語言、你的飲食、你的價值觀，所有取向基本上都是外在環境打磨出來的。」

我皺著眉頭問叔叔：「我們都被打磨出來的，怎麼說？」

接著他問我幾個問題：「當初你為什麼要幫父母還債？、為什麼要唸研究所？、為什麼想當老師？、也為什麼二十出頭歲就想要寫這本書？」

叔叔一連串的為什麼，的確讓我有種被打醒的感覺，我仔細思考，原來這世界的運行就是如此簡單：我們都是被打磨出來的人，唯一不同的關鍵只在於，有智慧的人總跳脫思想的制約，走出自己的路。

我們是不是都被制約著呢？

我先問你三個問題，第一個問題：「用一套被人設計出來既簡單又方便，且不用經過思考的方法打磨自己、下一代或別人。先不管效果如何，你會使用嗎？」接著問你：「你從小一開始到大學畢業，學習學校的知識，占據你生活的七成時間，你能接受嗎？」最後一個問題：「你知道現在離開學校之後，畢業生腦袋裝了什麼東西嗎？如果裝的不是你要的，那你會想要畢業生腦袋裝些什麼？」

絕大多數父母的教育方式，早已變得出奇一致，眾多父母所說的話和觀念，也大同小異，而最可怕的效應竟然還是將一個人訓練成在乎排名的機器人！然而，如果你想改變父母與學校的教育方式，我勸你儘早放棄，因改變別人永遠比改變自己還難。我們最應該做的是，先改變自己，並思考如何將自己從機器人思維變成有在動腦的人。

挾制你思考能力的另一個存在，就是學校。

應試教育的機器腦

　　我在補教十九年，我看到「多數父母或教育工作者，認為在學校學習是用來幫助學生掌握難以理解的未來。」這句話你可以多讀幾次，是不是一種深植人心的偏見？

　　如今學校的應試教育以成績為主，我不是反對應試教育，但如今的應試教育已經變成全能教育，你要考上好的高中或好的大學，就必須每一科都達到水準，這便是現今教育的問題所在。

　　我聽一位五十幾歲阿姨說過，她大學聯考數學只考十幾分，現在卻是牙醫界的名醫。

　　以前的聯考取總成績定輸贏，可以放棄不拿手的科目，也不需要在人生最富有好奇心的時期，將大把的時間投入在自己不在行的科目上。現在的教育，父母焦慮，孩子同時必須耗費青春年華，只為了在不拿手的科目多拿幾分，這麼做值得嗎？

　　而現今教育的變相竟然是在「賣焦慮」，你認為，這些話是不是特別熟悉？

　　「成績不好必須努力，更用功才行。」

　　「你會考必須考5A，你才能有更多的選擇。」

　　「學歷可以讓你找到好的工作。」

　　學校的學習早已成為一套被人為制訂好的標準，當然這些標準並非全然無用，只是當學習知識占據你大部分的時間時，

你勢必沒有精力去思考，甚至容易失去獨立思考的能力。

我在台灣教過千位學生，有的考上世界前五大名校，有的卻只考上名不見經傳的大學。我發現一件事，目前全世界所有教育系統都有科目階級的制度。其中台灣特別把語文和數學都歸類在最高階的學科，接著是人文社會的科目，最後才是體育、藝術，創意則是墊底的科目。

這一切背後的真相是，教育重心大多移至脖子以上，並著重在頭部，沒有達到左右均衡。

我們都知道左腦負責的是邏輯推理能力，右腦則是創意能力。然而，學校教育都認為，只需學好英、數、理、化，便能走遍天下皆不怕。以此角度切入，整個教育制度完全就是為了打造左腦而設計的。

所以，在目前這種教育制度下，你認為什麼樣的學生是最優秀的？

是誰犯錯最少，誰就是好學生？誰是前五名，誰就是優秀的學生？還是誰累積了最多獎學金或嘉獎，誰就是贏家？

如果不是以上的答案，那麼你心中的想法為何？

孩子在這樣的教育體制下，彷彿走過一片地雷區，而沒踩到地雷的有多少人？最終，智力屬於一切，它能取決於學術能力的高低。不難發現，亞洲的教育制度都只是為了進入大學之門而鋪路，這往往會造成嚴重的後遺症。多數具有創作、創意、藝術、音樂以及體育天分的學生，都會經歷自我否定，原因是他們的自我專長在家庭與學校不被重視，讓他們無形中成為一群永久悲觀的學習者。

而永久悲觀的學習者，遇到一些挫折只會持續很久。不僅如此，還很容易自暴自棄，對待生活更是馬馬虎虎，我就是這樣走過來的。

　　題外話，一○三年申請自學人數是二千八百三十二人，到了一○八年全國自學人數八千二百四十五人，五年人數成長約三倍，而申請自學人數逐年成長，這背後的原因其實非常值得我們去探討。

　　你是否被人和教育的偏見，抹煞了你的天賦？

　　你無法每科都學好，但你卻可以在書本外找到你的喜愛，並且鑽研它。記得培養獨立思考與勇於尋找解決問題的方法，否則即使別人將智慧傳予你，你也接不住。

第三章
千萬不要模仿成功人士

別急著模仿成功人士，先學會識人的本事

注意邏輯不通的成功話語

「成功可以複製的。」這句話出於《心靈雞湯》。

然而我寫本書的目的，並不是要你模仿，而是希望你從閱讀中尋找適合你的方法與眉角。請不要盲目地追隨一些成功語錄，或是以為聽完學霸讀書的方法、閱讀成功人士的自傳，便想模仿他們的思維或行為。

從人類行為學家研究的幾萬件案例中發現，沒有一個人是依靠複製別人的生活模式而獲得成功的。當你向成功人士虛心請教時，一般只會得到一些從九歲到九十九歲、從乞丐到比爾蓋茲都會告訴你的答案，雖這些答案勵志無比，讓你心情激蕩，但說坦白一點就是高級的廢話。

你應該認識微軟創辦人比爾蓋茲、蘋果創辦人賈伯斯、臉書創始人馬克‧祖克伯、知名演員湯姆‧漢克斯、歌手Lady Gaga、台塑創辦人王永慶、鴻海郭台銘……。他們有一個共同特點，就是他們大學都沒有畢業。而也許因為你聽過他們說著大學沒有畢業的故事，便聯想到這些成功人士今天的成就。然而，非常諷刺，這根本是一種嚴重的關聯謬誤。

成功人士成功的要訣是什麼？或許不是不知道，就是有不可告人的祕訣！好比一隻獅子在馬戲團裡表演，牠的技術純熟，驚險的跳火圈都難不倒牠。但為什麼表演的是獅子，而收錢的卻是馴獸師呢？

如果你想在競爭中獲勝，就必須擁有比別人超前的智慧，而這些智慧很難從勵志名言中學到，也不會在成功者的講座中真實地闡述出來。你需要讓自己具備找方法的精神，並謹慎地反向思考成功人士的方法。

在不能模仿的前提下，還有什麼方式才知道這些方法對自己有效？

問成功人士幾件事

　　有人說過：「一個地方能不能有文明？一個國家好不好攻占？其實都是地理位置決定的。」而我們要學的是方法，不是結論。

　　有一次補習班請來一位考上台大電機所的榜首來分享他成為榜首的方法。當年全國有一千多人報考電機所，當這位榜首被問及考上的方法時，他把方法歸於堅持與努力，我當下一聽便認為這就是考上榜首的方法！

　　這個故事反映著眼前成功其實存在著「倖存者偏差」，也是一種常見的邏輯謬誤，因為人類比較容易看到成功的案例，卻沒有去研究別人失敗的原因，因此總是高估成功的機率。

　　其中，倖存者偏差最有名的例子就是死人不會說話。故事發生在二次世界大戰時期，為了加強對戰鬥機的防護，英美研究人員經過一番的思辯，多數統計學家說可觀察倖存者飛機上彈痕的分布，哪裡彈痕最多就加強哪裡。其中一位統計學家沃德說：「萬萬不可，應該加強彈痕統計較少的部位，因這些部位而受到重創的戰鬥機，通常很難有機會飛回基地，這些被我們忽略的地方才更應該留意。」事實證明，沃德立論是正確的。

　　因為只看到經過某種篩選產生的結果，便忽略那些更為重要、被篩選過的關鍵訊息，這種倖存者偏差時常出現在我們的

思維。

往後，你如果再次聽到成功的案例，請記得問他們幾件事，「你幹過哪些蠢事？」、「踩過哪些雷？」、「如果能夠重新做選擇，會有哪些不一樣的做法？」

由於關鍵訊息在你身邊通常看不到、聽不到、找不到，但確實存在於這個世界上，你是否思考過，真相究竟距離你有多遠？

比如你在電視機前，看到有三十人成功登上聖母峰，你可能會覺得，登上聖母峰原來是件簡單的事，人人就都能做到，但其實你不知道的是，另外有七十位因為登山過程意外死亡。這種偏差在互聯網發達的時代表現更甚，當成功人士的能見度高於失敗人士時，我們便因此容易高估成功的機率。

對於這些成功名言你可能不陌生「成功人士都有早起的習慣」、「一萬小時的定律」、「越努力，越幸運」。

這些成功名言為什麼受大眾歡迎？

原因是「內容容易消化，看了令人舒服！」

必須提醒你，從此以後，有關成功人士強調的速度與捷徑，你只需要「不看、不聞、不聽！」

那你可以怎麼做呢？

這裡提供兩個技巧，可避免你受世界暢銷名著心靈雞湯的迷幻。

首先，你必須養成「客觀事實」，你要知道大部分你認為成功的方法皆為個人觀察或媒體觀點。

我一位好友花十八萬五千台幣，上了一個五天四夜的課

程。我聽聞後問友人：「你看別人表演了五天四夜後的這些年，有實踐成功嗎？」

友人答：「沒有。」

即使和郭台銘相處五天四夜，跟我解釋經營之道，雖然能獲得很多啟發，也學到許多有用的資訊，但我相信這不是就此成為像郭台銘一樣成功人士的方法。

許多人沒有面對到真正的問題，或是指向真正的解決方案。

同樣的，我也曾經相信一些講師能夠挽救自己，但最終只發現，自己成了盲目相信對方是可以改變命運的信徒。

也許你此刻正思考，那我們乾脆從此不聽不學了嗎？

如果要靠聽成功人士的故事來提升自己，就必須注意江湖講師最常使用的手段。一開始通常會分享你沒聽過的資訊或講師個人極端的偏見，讓你訝異自己的無知？再來會舉例現實世界的案例、故事、數據，給你一連串的假障礙來衝擊你那些痛苦的經驗，過程可能會忽略掉所有的細節，最終讓你出現恍然大悟，但其實是一知半解的感受。當你認為自己應該更進一步的了解時，就成功掉入了陷阱，導致你重視眼前的需求，以為上了這些課程就會有神蹟出現。

或許你還需要脫胎換骨的武器，如何知道講師是否來真的？可以讀〈考上台大的祕密〉這章節。

我使用三個客觀的方法，首先試著用自己的語言將成功人士表達的重點寫起來，接著列出認同的地方、不認同的地方，最後思考如果由自己來做，會怎麼行動？還有哪些方法？

如果連成功人士說的重點都寫不出來，那代表你還沒進入狀況，或者成功人士給你的東西是神話。至於認同與不認同，皆是訓練自己分析歸納、培養獨到觀點的開始。如果要進步、突破，就更需要開始執行，取捨使用什麼方法，累積失敗的知識與經驗。

　　第二個技巧，不要著眼於蒐集成功人士的方法，而是蒐集「失敗的案例」。就是因為失敗的案例通常沒有人想聽，所以我們只蒐集成功人士的方法，但這其實是大部分人最欠缺的，「了解、思考那些失敗的原因」。

　　例如我在教學過程中，常常問學生們「老師這樣說的對，還是不對？」

　　大部分的問題我都精心設計，故問學生最常犯錯的觀念「如果是錯的，那錯在哪？」好讓學生從錯誤例子與觀念中提醒他們。

　　天底下可歸納成四種人：

　　一、悲觀的人：會避免自己有失敗的可能性。

　　二、普通的人：會在錯誤後還有可能繼續犯錯。

　　三、聰明的人：會從自己的挫敗後自我反省。

　　四、智慧的人：會從別人的錯誤中探討原因。

　　別忘記問成功人士：「你曾犯過哪些的錯誤？」

邁向成功的好方法

如果我要再寫一本書，我會考慮寫「人類的失敗記」。

先假設失敗人士是因為沒有跟著成功法則才會失敗，那也有可能失敗的人是因為懶惰或者不懂的思考。但是在現實生活中，許多失敗人士走過的道路與個人行為，其實和成功人士差不多，只是焦點全落在成功人士身上。簡言之，成功的故事是由不客觀的人創造出來的。

例如我在準備考研究所時，蒐集最多的反而是沒有考好的學長們的資訊，而我統整了可能沒有考好的四大原因：

1.浪費太多時間。

耗太多時間在聊天，看似在談論考研究所的事情，但大多是殺掉自己的能量時間。我常看到同學們一聊就是一兩個小時，雖我曾經也參與其中，但後來發現自己不知不覺消耗了許多精神。

2.沒有整理自己的筆記。

人如何回憶，與過去的經驗和輸入有很大的關係。而筆記的重新編製，就是輸入，然而科學家早就證實創意來自於回憶，回憶就是我們的輸入。

二○一九年網路爆紅的北一女筆記，居然能賣破百萬，還

有網友提醒她要記得繳稅，而為何這筆記這麼吸引人呢？取決於這位北一女學生的「創意」。

但記得一件事，千萬不要向同學抄筆記或印筆記來讀！理由很簡單，學霸都是自己做筆記。

有研究人員將一群人分成三組，每組用不同的方法學同一個內容。

第一組：不做筆記去讀這些內容。

第二組：照抄老師上課時做的筆記。

第三組：抄老師上課的筆記，並運用他們所抄的筆記，再根據自己的想法去創造自己的筆記。

一星期後測驗三組學生對內容的記憶。第三組，抄筆記並自己重新做筆記的學生，成績竟遠比另外兩組好，而第一組，沒有抄筆記也沒有自己做筆記的學生，成績表現最差。這個實驗證明了自行做筆記能幫助學習，並提高效率。

筆記充分利用了人類左右腦的機能：文字、邏輯、空間、圖像和顏色概念，還能刺激大腦無限的記憶。然而，抄別人的筆記會停止大腦的思考、阻礙思路，並降低創造力和記憶力。

為什麼抄別人的筆記會造成這種現象？

原因是，抄用別人的筆記違反大腦的思考方式，因別人筆記所條列出來的內容，其邏輯與概念大多與你不同。

舉個例子：說到「巴黎paris」你會聯想到什麼？

也許你會想到巴黎是世界上最古老的城市之一，或許是法國France的首都、或是最著名的埃菲爾鐵塔，又或許只是巴黎街上的咖啡香。

由此可見，人們的邏輯與概念有所差異。如此一來，假設他人的邏輯概念與你非常不同，當你進一步去聯想別人筆記的內容時，你的大腦將無法跟內容產生聯想，思考與回憶因此被迫停頓。有人好一點只停頓幾秒鐘，有人則是幾分鐘、幾小時，甚至有人就此停頓了一輩子都想不起來。

　　許多人讀書讀到最後會有一種感覺，一樣是用他的筆記或是用老師的筆記，唸書時間也差不多，你甚至覺得自己花更多的時間鑽研。可是他每次考出來的成績總是比你好，讓你百思不得其解。

　　假設你還不明白，抄別人筆記所學習的東西，記憶是不會持久的，還可能會打斷自己的聯想，更重要的是許多人還為此遭受打擊，以為自己智商不如人。不過一旦你明白自己做筆記，可以使大腦回憶快、創造力增加，便能知道如何突破眼前困境了。

　　筆記優劣分三級：上品的筆記創造好成績、中品的筆記有待加強、下品的筆記讓學習有障礙。做筆記的祕訣與目的是方便你往後複習，所以原則是在效果而不在多。

　　3.沒有高度的目標。

　　在我蒐集如何準備考研究所的資訊時，我會先了解學長們是從什麼高職畢業的，有大安高工、台中高工、彰化高工、高雄高工……，大多都是各縣市職業高工的第一志願。我想，按照他們的基礎知識都比我這埔里高工好太多，於是詢問他們的志願是哪幾間？

結果發現，多數學長與同學全都包，什麼是全都包？就是從第一志願、第二志願，到最後面的私立學校都會報考，這樣一來看似考再差還是有學校可以讀，這是一種無形的自我定位。

　　請記得，人生永遠無法超出自我定位的價值！因此自我定位決定著你未來的出路。在現實生活中，我想要在每個階段全心投入，給自己一個高標準的目標，在達到這個目標之前，一定要保持各種資源上的投入，包括時間、智慧與精力……。

　　如果你迷茫、無助，不知道如何自我定位的時候，最合適的方法就是適時使用「策略性選擇」。

　　比方，從前我會精心挑選唸書的書伴，經過一番工夫，認識許多學長們的狀態後，去補習上課，便會選擇坐在一位企圖心很強的學長旁邊，而他的目標都是前三志願的學校。剛開始在他旁邊學習的我，很明顯就像幼稚園層級，只要我遇到問題都會先問他，很感謝的是，他幫我解決了大部分的問題。另外，我會試著模仿這位高標準的學長，看他如何準備，並了解他如何做筆記、用什麼方式準備各科、遇到什麼瓶頸、最擅長哪一科和時間管理……，甚至仔細了解他內心動機是如何一直保持在高峰。

　　「策略性選擇」在你心中或許有一個疑問：「究竟是先把自己變高手，才能交往更厲害的人？還是先跟厲害的人交手，才會變得厲害呢？」

　　請不要糾結在自我的內心戲，行走江湖只要臉皮夠厚或者友善待人，通過策略性選擇的方法，你將變得更加優秀，因你

勇敢選擇與強者並行。

假如你超級簡單的問題都敢問，便可以避免你事後花很多時間自己摸索。我記得有一次下課休息拿著補習班的講義，問任課老師：「老師你是不是題目打錯了，這裡多了一個s？」老師回答：「這是第三人稱單數，所以動詞要加s啊！」

這是我真實的故事，因考研究所題目都是原文，對於英文破到不能再破的我來說極度辛苦。在這裡我無需包裝自己多厲害，而我也敢告訴你，現在的英文程度依然連國中程度都不到。

相對於高手就在身邊，你可以先執行、模仿這些關鍵角色有效的方法。關鍵在你一定要挑選有企圖心與有高目標的書伴、朋友、同事或老闆。

到目前為止，我認為全宇宙最現實與最真實的法則，出自於一位哲學家吉米·羅恩：「你是你最常接觸五個人的平均值。」

最後，事實證明我的策略性選擇，是讓我考上台大研究所的重要因素之一。更厲害的是，這位學長當時考上台灣科技大學機械工程研究所，畢業後又考上日本北海道大學唸材料科學所。

你要知道，沒有高度的目標就等於沒有積極的動力，試想不論寫下何種目標都要花費差不多的墨水，那你為何不設定高一點的目標呢？

4. 自認爲很優秀，就是我們常說的「自我感覺良好」，而這正是最不能犯的錯。

認爲自己太優秀是一座隱形牆，這牆怎麼來的？

套一句巴菲特夥伴查理·蒙格的名言：「手裡拿著錘子的人，會把一切看成釘子。」這道隱形之牆就是這麼來的。

做任何事情最怕的就是單一思考，我準備考研究所的時候，雖已將補習班老師教的內容完全理解、背起來，自認爲自己理解了整個世界，讓自己覺得這些知識、觀念及方法就很可以了。

但事實上，並非如此完美。

有一次拿起歷屆考題來寫，那間學校只考五題，但我沒有一題寫對。只要一寫模擬考題或歷屆考題，便能充分意識到自己的不足。而後，我開始專注於加強自我評估與改進計畫，針對改進計畫的時間斷定定期評估的成長數據與弱點，進行反覆運算。

過程當中，最核心的方式就是不斷透過模擬實戰，對實踐做出實際情況的調整與優化，改變學習策略、優化時間管理並提升穩健的學習情緒，透過拉近目標的差距，不局限於只讀補習班老師的教材，在經過半年的時間後，我已感覺到自己的迅速成長，從一開始無法完整的寫對一題，到寫歷屆考題平均可以得四十分。打破這個隱形牆，透過不斷修正自己的準備方法，來彌平與現實的差距。

直到考試之前，我都還在思考應選用哪一種原子筆來寫考卷，好讓自己書寫起來更順暢、更工整。甚至關於考試卷的

布局，我也是經過設計。比如說我在寫考卷的時候，會先把該有的計算過程與答案都寫好，如果有剩餘的時間才會把該題的原理與證明寫上去。想像一下，改考卷的教授雖無法看到我是誰，但因考卷答案的呈現與眾不同，便間接能影響到教授對我的感受，讓他們對考生另眼相看。橋水基金創辦人雷·達里歐說過：「我大部分是通過一生中不斷的錯誤與反思獲得成長，人生原則很簡單，雖不夠完美，但我仍然在努力做出最好的決定、仍然會犯下錯誤，並持續學習新的原則。」

記得一件事「優秀不是無緣無故的，正如失敗也不是沒有源頭的。」

在一生中，你將有無數的學習機會。你所選擇的使用方法將決定你的生活質量。其中，最有價值的東西，是通過錯誤進行反思、整理，並避免再犯同樣的錯誤。

如果你真的想學成功人士的方法，大可忽略成功人士說的話，只須注意他們人生中的：

「轉折點」和「行為」。

人類極限的奧祕

我聽跑全馬（全程馬拉松）的朋友說過：「全馬總長是四十二公里，而跑全馬的特點就是會遇到人類的極限點，當你跑到第三十五公里的時候配速可能會失速，但這是身心產生的自然反應，也就是全馬撞牆期。」

如果想要克服人類三十五公里的撞牆期，需要透過各種訓練才能突破。在突破的那瞬間我稱為轉折點。想要達成目標，需要撐過極限，在經歷成功的過程突破轉折，你必須鉅細靡遺地去了解那些成功人士突破眼前困難所使用的方法。

我曾經看到一位網紅的貼文內容如下：

這位網紅說：「粉專追蹤人數在短短一個月內，突然暴增一萬多人追蹤，而且還朝著八萬持續成長中，是不是有人幫我做了什麼宣傳，如果有人在什麼平台看到我，記得通知我一下。」

你發現了什麼？

是的，如果連網紅自己都不知道怎麼爆紅的，那是否不合乎邏輯？就連她自己也想知道萬人追蹤效應的轉折因素。因此，你需要注意逆轉勝的關鍵為何。

最後再強調一次，成功人士的「行為」比說出口的話更為重要，留意成功前的「失敗因素」並思考過程需要突破的「轉折點」，這樣的方式將使你更不容易輕易掉入誤導人生價值觀

的陷阱當中。我知道轉折點和行為的重要性，所以我花兩年的時間撰寫本書，回憶過去幾十年的點點滴滴，將自己到目前為止所使用的方法持續記錄下來，為的就是希望你少走一些冤枉路。

第四章
軟知識

拋出小訊息，提升影響力

顏色決定命運說

　　我在序言談過，準備科技大學面試時，把所有教授的姓名、長相、研究方向，全部記得滾瓜爛熟，而光是這個小動作就能影響對方的「認同感」。

　　還有什麼祕訣能夠短時間影響對方呢？

　　如果你是參加學校或公司的面試，蒐集所能知道的訊息並牢記是基本動作，甚至可以先打聽面試官是誰？如果可以知道面試官是誰，還能繼續追問面試官的喜好、興趣、細節等等。

　　一般而言，當面試官尚未確定人選時，總是會選擇較受人喜歡的選項。

　　我不僅把教授的姓名全部記下來，還刻意去查了一下高雄應用科技大學校徽的主要顏色，別以為記住校徽的主色毫無作用。如果你有研究過色彩學，就知道顏色的力量。有時顏色也攸關你的生命安全，你可曾發現全世界醫護人員一般都穿著白色衣服，研究顯示，目的其實是為了讓病人平靜，也使病人對醫護人員產生信任感。更重要的是，白色讓髒污一目了然，以此來避免病菌的傳染。那假如醫護人員進行手術時，換成藍色或綠色的衣服，而不是白色或其他顏色呢？

　　手術時，醫護人員需要大量觀看紅色組織或器官，而人類如果長時間持續接觸同樣的刺激，大腦會產生神經疲倦，眼睛對紅色的分辨能力逐漸下降時，醫護人員便無法辨識細微紅

色。此時，你會不會擔心呢？

所以醫護人員需要不時的將目光轉移到周圍的藍色或綠色上，以提高大腦對紅色的敏感性。

或許你心裡還產生疑問？那如果白色或別的顏色不也行嗎？

由於互補色的關係，長時間看紅色，大腦對藍綠色就會特別敏感。所以當醫生專注在血紅色的器官上，如果抬頭所有環境都是白色，眼前會產生一堆藍綠色的內臟器官，這種情況下手術你能安心嗎？

另外，當血濺在藍綠色衣服上，會呈現褐色，比起在白色上的鮮紅更不會讓人感到視覺衝擊，這就是彩色學中所謂的「互補色」。說到這裡你應該明白，顏色不對會死人。

而當我們面試時，選擇穿什麼顏色的服裝，也務必審慎挑選。

這是一位長輩教我的眉角，他告訴我面試穿搭的顏色一定要格外用心挑選，挑選依據可參考「學校或公司的代表色」。雖然顏色無法提升個人的口才和成績，但有時卻是勝負的關鍵。

穿著的色彩和記住教授個人資訊是同樣的巧思，你知道這細節的鋪陳是為了什麼嗎？是「第一印象」，第一次見面卻「感覺」似曾相識，雖然短短十分鐘的面試，可能毫無深入的互動，卻影響對方對於我們的感覺，無形中建立了舒服與熟悉感。

你可以試著回想，曾經是否有人讓你有這種說不上來的

好感，明明和一個人才見面短短幾小時，卻有種認識很久的感覺？

如果下次遇到這種感覺，請仔細觀察對方是如何讓你出現這樣舒適的狀態。

所以，我面試時，會特地在西裝外套胸前的口袋刻意夾一支有質感的筆，足以展現我對事物紀錄的態度，讓我給予他人重視細節的第一印象。

如果你認為要推銷自己是一種能力的話，那就大錯特錯了，回顧一下我把自己推銷給學校教授的種種技巧，哪一個是需要能力的？

因此短時間推銷自己需要注重小細節，將個人特色、細節發揮得淋漓盡致。

推銷自己的方法，老早就科學化了，接下來我將帶你從不一樣的角度，學習有效行銷自己，那就是從人性角度找方法。

從心理價值切入

　　我們做任何事都中規中矩，爲什麼卻不是最受歡迎的那位？

　　有些人可能會想「受歡迎的人需要有交際能力」，不過，交際能力有辦法花錢學習嗎？甚至有人覺得受人喜愛是天生的，在現今的社會裡，也有人覺得花錢請人吃吃喝喝就能受大衆喜歡啊！

　　根據研究顯示「人類的選擇並不是基於金錢的價值，而是基於結果的心理價值做選擇。」

　　或許你認爲他人的選擇和我受歡迎的方法無關，但其實多少有相關，因動物都有慣性，而人就是動物的一種。也許你聽過「燕子低飛要落雨」、「蚯蚓路上爬，雨水亂如麻」。在科學上，心理學家發現，大部分人類的選擇都是機械式，接下來說明如何只用一個思維、兩招手法來增加他人的好感。

　　從古至今，人類對於不熟悉、負面的事物，甚至是陌生人，都會產生排外心裡，甚至有歧視、恐懼、危險、威脅的聯想。

　　而很奇妙的，人在選擇時心理會預設一個參考點，並衡量每個結果高於還是低於這個參考點。

　　這種情況在實體店家，最常見的就是將售價訂高後打折，讓你覺得賺到了。相同的，假如你是分配任務的人，如果一開

始你分配完每個人的任務，過一陣子再告訴對方還需要增加哪些任務，人們往往會表現出厭惡心理。相反的，一開始就寄予相對高的任務，過一陣子在告知對方某些任務，讓你來幫他完成，相較於上一種方式，此做法反而會讓人們會有更多正面感受。

用不同的方式去描述同一個問題，從心理學角度來看感受是大不相同的。同種情況使用不同思維，便可以呈現出正面評價與負面標籤兩種完全不同的結果。

不知道你是否留意過果汁的標示方式？是標示百分之多少的果汁還是標示不含果汁的分量？

例如果汁原汁含量百分之十，對比用另外一種標示，顯示果汁不含原汁含量百分之九十，如果是你，會選擇買哪一瓶？

根據行為經濟學家統計，顧客都比較傾向購買原汁含量百分之十的果汁，因人類的大腦對害怕損失遠遠超過獲得的快樂感。用相同的果汁，不同的包裝，又沒有接觸顧客的情況下，居然能影響他人的感覺。

另一方面，人對四維空間的反應也會過度反應。這裡的四維空間是指，未來會發生的事情（時間），例如：發生車禍的機率雖然不高，但多數人還是喜歡買保險；中樂透的機率雖然非常低，依然有人喜歡做發財夢。這兩件事我都願意做，但多數人總對小機率過度反應（車禍、買樂透）。

而我觀察過許多受人喜歡的人，通常不是天生的。他們只是習慣將所有可能發生問題的答案都準備好而已。技巧就是這麼簡單，讓你在短時間內，給人良好的相處感受。

以上所說的參考點，是最基本、入門作法。

而根據參考點來衡量感情，也是為什麼有些人會一直和對她/他非常不好的另一半分不開的原因。我身邊有一位女生朋友，對她的男友又愛又恨，雖男友偶爾會對她暴力相向，又到處拈花惹草，但她還是無法自拔。每次男朋友打完她之後，不是跪求她原諒，就是特別呵護她一陣子，因此感情關係反反覆覆、分分合合。你會發現這經常是人類最大的缺陷，她總把參考點放在被打的時候和出軌的地方，於是探究她男朋友事後的手段，反而是給她的獎賞。

人類的演化過程中遇到任何的人事物皆需要評估，評估到底是正面還是負面。

如何提升我們與人溝通的共鳴，你可以持續收集你覺得最好的溝通方式，並留意別人所使用的參考點。除了恰當使用參考點能受人喜歡，還有個效應你一定要知道，那就是人類總相信他看到的。

心理學家說過：「人只需要十秒，就能通過對方的外貌產生偏見。」

可口可樂曾經做一個宣傳廣告，有六個人一同到黑暗的房間圍坐同一張圓桌，彼此沒有見過對方，在輪流自我介紹與交談後，每個人已在心裡對其他人有初步了解，等製作單位把燈打開後，再讓聽者述說自己直覺看到對方外表的感受。結果顯示，沒有一個人對其他人不感到意外的，因人類心中所想經常與現實外貌呈現的完全不一樣。

這個實驗很寫實，反應了人類總會先入為主。如現今的

人，習慣對於陌生人或者好久不見的人，從兩個地方「貼標籤」，文字和照片。

比如說：你身邊的朋友一天在社群網路上發好幾篇的貼文，抱怨男（女）朋友、同事、家人，或者說誰對不起他等等消極情緒的發文，幾乎負面用字，久而久之，朋友為了減輕每天爆炸多的資訊，也許會選擇取消追蹤你，而你的內涵、修養也不知不覺的被周遭的人下意識貼了標籤。

也許你內心會覺得，我不在意別人的看法，真的是這樣嗎？

那麼你知道，透過語言或文字表達魅力的方法為何？

根據Google搜尋引擎的定義，魅力為「吸引人的力量」。

不管我們身在何處，世上皆有令人愉快的事物，也有美麗的事物，這些事物是我們認知的享樂性、評價性、正向性、實用性……，別忘了我們了解這些有高度魅力的誘惑，也同時伴隨著令人喜悅、認可的情緒。所以，選對表達的用詞是一種魅力，相反的就是令人不安或想逃離。

另外，別以為只有說詞能影響人心，光是我們的視覺也是有喜好的。認知心理學家史蒂芬‧帕爾默根據一百多個國家，觀察超過三萬人的樣本數，調查人類DNA最偏愛什麼顏色。

研究結果顯示，全世界的人偏愛的顏色是藍綠色（Greenish-Blue）。你可以發現，如今許多大企業使用的商標顏色也是藍綠色，例如推特（Twitter）、臉書（Facebook）、領英（LinkedIn）、Skype、三星

（Samsung）、鴻海（Foxconn）、福特（Ford）、英特爾（Intel）、通用（GM）、波音（Boeing）和沃爾瑪（Walmat）。

　　只能告訴你，連大企業都重視顏色的選擇，你說重不重要呢？

　　順帶一提，如果你需要呈現任何照片給面試人員或是周遭人看的同時，請注意你照片帶給觀看者的舒適感，這絕對會影響你是否受人喜歡。

　　研究證實，人類也有偏愛的視角，這稱之「最佳視角」。史蒂芬・帕爾默將人與物品利用各種角度拍攝成照片，並讓大眾判斷照片好壞，最後選出來的好照片，通常都是最典型的視角，也就是與想像的畫面一致、從被拍攝者的角度來拍攝，而這種照片通常也是最受歡迎的。換句話說，一隻狗我們從正面、後面或者正上方拍攝，不會是人們最喜歡的視角；從斜側面的角度拍攝的照片反而讓人看得最清晰、最舒服、也最受人喜愛。這是因為，人們喜歡縮短用眼時間，並挑選辨識度高的作品。簡言之，專業攝影師的照片，大部分能把握框架結構，並呈現最多資訊量的舒適角度。如今人手一機，只要你把握這個關鍵，也能成為一位創作型的攝影師，每張照片都能觸動人心。

　　這樣一來，別說人們喜歡聽正正面字眼的詞句，就連眼睛也偏愛整體視角。正因為這樣，我用手機拍攝並上傳到Facebook的照片，大多數都是四分之三側臉，如同風景和物品照拍攝的一般，都是一眼能看見最多資訊的視角。記住這些

小細節，能直接讓人產生美的感受，間接影響他人對我的喜愛程度，某種程度也是在推銷自己。

冰淇淋效應

　　說了這麼多，還有一種讓人喜歡的方法：先大苦後小苦！

　　光是順序不一樣就可以改變一個人「好」和「不好」的感覺。

　　我在唸埔里高工的時候，有幸參加一位退役職業棒球選手為我們棒球隊舉辦的訓練活動。大夥們熱身完畢後，緊接著就是高強度的體能訓練，每次訓練都讓我們每個人吃足了苦頭，有些人甚至練到想吐，不過幸好每天訓練的尾聲，都是以較低強度的訓練來結束。

　　關於訓練過程的安排，我當時還不懂得其中的奧妙，只知道訓練過後內心居然會獲得更積極的嚮往，對未來的鍛鍊充滿更多期待。雖然訓練過程中的某一個時段非常難受，但每到訓練最後，卻還是產生期待再被操練的感覺，祕密就在於，教練訓練菜單的安排。

　　過去，我有五次旅行歐洲的經驗。有幾次旅程中我跟老婆說不想再去歐洲，因為歐洲旅行點與點之間的距離很遠，其中的舟車勞頓經常使我感到非常不舒服，有時候甚至一天要坐六小時以上的車，曾經有過清晨四點多就要起床搭車了。

　　但很奇妙的是，每次我越說不要再去歐洲，去歐洲的時間間隔卻越來越短。有次十月在俄羅斯，回台灣後行李箱都還沒整理，十一月居然就立馬出發到土耳其了。出自於旅行社的魔

力策劃，跟團旅行的過程越吃越好，旅店也似乎越住越高級，回到台灣便嚮往再去一次歐洲。

我曾經遇過一位學生，他下課都沒有直接回家，寧可待到補習班關門才想回家，我就問他爲什麼？

他說：「我討厭回家的感覺，我幾乎每天回家都跟爸爸吵架。」

當時我內心萌生不祥的感覺，如果學生始終沒有想要改變自己與父親之間的關係，往後他一定會常常處於消極情緒中。

你是否有注意過你所經歷事件的結尾感受？凡事都有結尾，你喜歡快樂的、懸念的、平淡的、還是忙碌的結尾呢？

在我準備研究所考試的期間，從圖書館借了一堆課外書，其中有一本心理學的書提到，一個人對一件事的體驗，所能記住的通常就只有峰高（無論好壞）和結束時的感受，過程好壞的時間長短對記憶的影響不大。

書中還提到心理學家做了一個實驗，讓兩組試驗人員戴上耳機，把耳機開很大聲，聲音是令人不舒服的噪音。這兩組聽到的音量與聲音都一樣，但不同的地方爲，第一組聽完後就結束實驗，第二組還會聽一段比較弱的噪音。

實驗中製造了一個衝突情境，從常理推斷，第二組的人聽了更久的噪音顯然感覺會比較糟，但結果卻出乎意料，如今再重複這個實驗，願意繼續參加實驗的人，第二組的人比例會比較高。

這就是所謂的「峰終效應」。

現在很多餐廳都運用了這種效應，當你離開店時贈送小零食，或是消費者打卡就打折。沒有人喜歡排隊，那為什麼遊樂場最熱門、往往要等上半小時的項目還很多人願意排隊，因為短短幾分鐘的遊戲體驗，卻能讓體驗者記憶猶新，帶給他們緊張刺激、興奮的感受，至於排了多長的時間，可能都忘記了。

我有次用手機叫計程車，一坐上去發現椅子黏黏髒髒的，加上司機態度冷酷，我心裡想說等等下車給他差評的念頭，但在下車時，司機主動幫我到後車廂取出我放的物品，並且熱情的跟我揮手道別。一整路不舒服的體驗，居然在短短的幾秒鐘內，被司機以愉悅的收尾大力取代，如果換成是你，最後會給司機差評嗎？

當我明白，大多時候決定某段經歷的感受是結尾，才發現當時的我學習重視過程而非結尾，對於長期在準備考試的自己而言是非常不利的。

而當我開始考究我之前怎麼安排每一天，才察覺有時候唸書的心情，會持續幾天莫名的煩躁或狀態不佳，多數情況是自己造成的，當下我才恍然大悟且找到絕技。

到底是什麼絕技？這裡先賣個關子，我放在最後一章告訴你。

在我們從小被灌輸「過程比結果還重要！」，還有在我不知道峰終效應之前：我認同。但我明白峰終效應之後，才知道這句話主要的目的是安慰人。

如果你從小很努力的學習，但考試都考不好，你很難過。爸媽會跟說：「至少你努力過啊！」於是爸媽接著讓你去補

習，你依舊努力學習，考試還是沒考好。事後爸媽總會跟你說：「唸書目的不是為了成績，學習知識才是重點。」

然而，幾天過後爸媽問你：「你是不是補習班教的聽不懂，還是跟不上呢？我們幫你請家教老師幫你補習好了。」結果上了家教老師的課，成績依舊沒有起色。

此時，如果你是這位學生或父母，應該會如何看待此事呢？

一般人如果確實用功過了，結果依然不好甚至是奇差無比，其實問題在於學習方法出了問題。而我以前就是一位完完全全不會學習的學生，否則我不會國小考試都在參考隔壁同學的答案，到了國中、高職都在放牛班。（題外話，想擺脫上述困境有兩個方法，就是將這本書閱讀過兩、三次，再試著把這些策略實際用在學習上。或是透過我們牛般學習學院的實體課程，現場手把手教會你頂尖的學習方法，經過不斷的現場演練、訓練、檢視，將你拉近與學霸的差距，我敢說考試考好是遲早的事情。）

回到峰終效應，有天學弟跟我分享，他在工作上非常努力，還時常加班，能最晚下班就最晚下班，但是經常發生比他晚進來的同事都已升遷，他卻還在原地不動。學弟說他們部門做的工作都差不多，我問學弟：「你覺得為何總是別人升遷，而不是你升遷？」

學弟說：「這些人不知道是用了什麼手段？有可能他們很會拍馬屁，我最不擅於就是拍馬屁。……（省略學弟十幾分鐘的話），平常我的工作成果都比這些人多，我也搶不到升遷位

置。」

　　而後，我聽到學弟說到重點，他成果比別人多，代表在工作過程能夠創造高峰的機會也相對多很多，但為何依然無法升遷呢？我跟他分析，他只需要先改變兩個工作策略：1.不要做超過同事的工作量。

　　學弟當然會問我為什麼？

　　我叫學弟想像一下，如果你是老闆或主管，一位員工經常主動多做很多事情，假如讓你升主管，員工中便少一位像你一樣會主動做很多事情的人了！

　　2.如果真的要多做，要選對時機。

　　當部門有工作項目很困難，或非常急著要完成時，你可以抓緊時機全力以赴，甚至為這工作項目賣命，吃喝拉撒睡都待在公司，直到完成為止。

　　這個峰終效應的策略，保證你在下一次的升遷名單中占有一席之地。

　　現在你知道如何發揮自己優勢了嗎？

　　智慧藏寶圖不會平白無故飛到你的手上，奠基在於你是否在乎！

　　繼續討論之前，我再講回這則故事，這位學生非常討厭回家，就是因為每天下課回家會跟他爸爸吵架，我一開始跟他說許多峰終效應的故事，其中一天如何結束，將影響你每天起床的思維與行為。接著我問他：「你喜歡每天還沒回到家就感到莫名的厭煩嗎？你喜歡每天起床就是心煩氣躁嗎？如此循環下去，你可以好好做你想做的事情嗎？」「所以老師我和你一起

解決這個問題，前三天你只記得做一件事情，回家後不管你爸怎麼唸你，都不要回嘴，順便觀察一下爸爸唸你的內容是哪一種態度？是攻擊引起問題，還是幫你解決問題的本身。」

用不著三天，我學生便領悟其中的道理，事後他告訴我：「我發現我爸爸都是攻擊引起問題的我……」

他由衷明白爸爸是為他好，但是缺少了正確的解決方法，如果這裡你看不明白，請你回去複習第二章〈讓人不求進步的方法〉。

然而，有沒有注意過，多數人逛完宜家家居（Ikea）沒買東西，臨走前又沒有吃宜家家居冰淇淋的人，對宜家家居評論多數是負面的，那你知道原因了嗎？

第五章
倒行逆思

先不同反想，後不同凡響

防止挫敗情結

猶太諺語：「只有躺著的人，永遠不會跌倒！」

猶記得因為家裡負債千萬，我只能背水一戰去面對，只有一年半的時間準備考研究所。雖然我早已下定決心，但事情不是我想的這麼簡單，每當我坐下來唸書，分分秒秒都是挫敗與焦慮，我想，其中一個原因是因為考研究所的內容對我來說，根本就是天書。

想像一下，如果你沒學過國中數學，叫你直接準備考高中數學，你有什麼感受？

那絕對是百分百的折磨！

考研究所對我來說，現實和理想天差地遠，精神壓力無法形容之大，我必須面對的考試內容皆為用英文出題，我的英文又爛到不行，不僅如此，基礎數學也是奇差無比。

若完全憑藉著自己的意志力要走到終點是不可能的事情，就好像一條橡皮筋每天都要被拉長，終究會被拉扯至不再有彈性。

不瞞你說，準備考試的前半年我的學習速度停滯不前，只是每天到補習班上課抄筆記，回到宿舍後，我總坐下來努力找點方法，努力讓自己擺脫當時的窘境，但坐在書桌前的我，卻一點想法也沒有。隔天也一樣，之後更不用說，我直接落在挫敗感的深淵，連撞牆期都沒有，疲憊的我早已無法前進。

我跟不上補習班的進度，而面對前所未有的挫敗感，好幾度想要放棄。直到有天，我走進圖書館，不經意地走過教育類的書籍區，情況就此開始轉變。

這件事說起來挺有趣的，讓我內心挫敗感消失的不是什麼理工學界大師的考試祕笈，而是一位兒童心理學的專家。教育類的書看似與我想報考的理工類沾不上邊，但這一本兒童心理學的書，卻讓我認知到原來我就像剛出生的嬰兒一樣，遊走在認知發展中不平衡的階段。

瑞士心理學家皮亞傑提出兒童認知發展的結構，我認為這是適合檢視任何年齡的學習成果。他說明認知發展有四個基本概念：基模（Scheme）、同化（Assimilation）、順應（Accommodation）和平衡（Equilibrium）。

其中，基模可解釋成我們既有的框架、認知、思維。例如我們看到天空烏雲密布，就能夠知道待會可能會下雨，所以基模是人類認識事物的基礎。

每個人會隨著學習的歷程區分，同化是利用原本基模來辨識或整合分類，有點像當我們已經學過的三角函數，只要再進階學習三角函數的變化題目，就能將基模的數量提升。當受到外界刺激，輸入需要過濾或改變時，就稱之為同化。

而順應，是原本的基模在對應眼前的事物無法同化或歸納時，便就需要順應環境，進行學習或微調。比如小孩即使看到不同顏色與不同品種的狗，亦知道是隻狗，這就是同化，但假如小孩看到一樣是四隻腳且身上很多毛的貓，把貓視為狗，便需要改變原有的認知，將基模改變順應外界現實，這就是順

應。

　　皮亞傑說：「智慧行為是依賴於同化與順應兩種機能，從最初不穩定的平衡過渡到逐漸穩定的平衡。」

　　如果基模是發展的基本單位，過程就是不平衡到平衡的循環，因此當我們處在不平衡的狀態，應視為必然的現象，需要自我的引導、療癒或甚至尋求外界來協助我們恢復平衡。

　　當時的我，所面臨認知發展的關卡就是基於基礎知識的不足，所以面對題目理解的時間相較於別人更多。比如在準備研究所考試時我一定會遇到國高中數學、英文，但我需要耐心、耐心、再耐心的建立基礎，哪怕只是一個小觀念，都需要讓它們變平衡。

　　到這裡你有沒有發現，我當時的挫敗感跑去哪了？

　　在我閱讀到皮亞傑書之前，大腦裡沒有任何一個方法能處理自我的挫敗感。這是人類心理的奇妙之處，取決於我們對一件事情的理解，而不是事實。

　　就是這樣，當我明白真正的問題時，我心中大部分的挫敗感就這麼一掃而空。而這也讓我重新思考，我無需和台、清、交、成基礎知識非常紮實的考生比，只需專注熟悉自己不平衡的地方，將不平衡導入順應與同化到我的基模中。

　　這是活生生的故事，我每天聚焦在一天遇到多少不平衡，當我解決了一件不平衡，再試著解決第二件，會發現自己的思路越來越清晰，這時哪有時間再理會挫敗感。

　　告訴你，自從我瞭解人類的認知發展後，我的智商並沒有增加，我能做的只是每天練習將不平衡變成平衡，反覆操練、

不斷練習，要求自己每天至少練習十個小時以上，直到考完試結束前，我練習過的計算紙，回收時疊起的高度早已到我的膝蓋，原子筆寫到沒水的有十七支。

所以，當你不平衡的時候，無需人快放棄，有時候稍微停下腳步，並回頭看看自己，不平衡的內心肯定會因焦急而努力地加快腳步；但如果不回頭的繼續往前走，不平衡的自己可能只會選擇放棄或怠惰。

首先你要知道，大腦要製造新知識的過程，通常都會消耗相對龐大的能量，有時候甚至會精疲力盡。為了避免還沒達成目標之前自我放棄、懈怠，我們必須找方法縮短低潮的時間，自從誤打誤撞認識了皮亞傑，我不只是操練自己，也一邊尋找更有效率方法彌平現實中實力的落差，更時常利用反其道而行的方式尋找方法。

反其道而行

《四季法語》一書說：「當你自己不快樂時，選擇去幫助別人，其實很快地不愉快的心情就沒有了。」

一開始準備考研究所時，我都正常地出勤學校課堂，但後來我發現上課壓縮了我一大半的時間，我曾試著在課堂上看自己的書，但效果不佳，甚至有時候會被任課教授發現。

有天我突然有了個新想法，就是不要去上課，等點名的時候再出現，這樣就可以全心全意地準備考試了。

我試著早上八點和下午五點之間手機不離身，並事先交代同學，如果教授有點名再打電話通知我。

這裡說明一下為何教授點名時我再進教室還來得及，因為我座號是五十一號。教授通常有兩種點名方式，一種是唱名不看同學的，這種我就不用急著進教室，我的好同學直接幫我回答；另一種方法是教授唱名時會看一下答「有！」的同學，當教授從一號開始一個一個叫，叫到我的時候通常早就溜進教室的後面了，當然，如果來不及就得被記曠課。

這樣做是否對準備考試有所幫助，還是情況只會變得更糟？

把心一橫，決定賭賭看，必修課我偶爾去上，其餘等電話通知，我只專心準備考試。（在此補充說明，我已經過萬全的準備，請勿輕易模仿，如有雷同被留級或者被當請自行負

責。）

試了一陣子發現，這個方法是讓我慢慢跟上補習班進度的關鍵，而我也得到更多休息的機會。坦白說，這方法也是讓我考上台大的因素之一。接著我開始嘗試了許多「反其道而行」的做法。譬如每個人面對任何挑戰目標，肯定會遇到低潮期，這我也不例外，但我總一邊唸書一邊思考該如何縮短自己的低潮時間。

（有效學習和處理自我低潮，這些眉角分別會在第八章和第九章與你分享。）

然而我沒唸書的時候，就讀一些自我激勵的書，像是《態度決定一切》、《激發心靈潛力》等。這些看似和考試內容無關的課外書，卻是給我強大心靈能量的重要支持。

從放牛班考上台大研究所，這樣的成就並不值得驕傲，但我花心思把所學整理，教給同學與學弟們，就是希望能幫助更多同學考上他們的第一志願。藉由分享知識讓自己的學習更清晰、更有自信，也清楚了解自己的問題所在。因此，直到現在我還是樂於分享。

回到你現實生活中的挫敗感，你所面對的挑戰看似非常難以達成，建議你可以嘗試一些有違傳統的做法，不一定要被傳統的思路綁死自己。只要不是犯法，或是危害他人的事情，勇敢的做一些不同的行動，並沒有什麼不可。

根據我觀察，人類面對不平衡有三種心態：

1. 聲稱自己能力不足，放棄好了！
2. 告訴自己晚點再試試看，拖延的習慣。

3. 找方法去拉近不平衡和平衡的距離。

　　最後，人生中有一種不平衡是你一定會遇到的，那就是聽到別人談論我們的缺點。
　　你是否能接受別人說你哪裡做不好？

有誰喜歡被打槍

　　考上研究所，剛入學目標只想把書唸好。當時的我邊學邊看，內心經常問自己「畢業後真的想要走工程師這條路嗎？」因為我想到自己坐在辦公室長達數十年，是非常痛苦的事情。至於真正目標，對未來毫無頭緒的我真的不知道，只能不斷的到處試試看、撞撞看，帶著迷惘處處碰撞。

　　在唸台大的同時，我上過社區大學的水墨畫課、心理學、投資理財，甚至連心靈課程都學過，你就知道我有多迷惘了。

　　偶然間，我發現我的同學有在兼課當家教，於是我也展開半工半讀的旅程。剛開始教的是大學微積分和工程數學，當時和我競爭的老師比較少，所以順利接到幾位學生。其中，一位學生是捷運局裡面的工程師，他年紀六十一歲，當初和我學習工程數學，是為了考美國工程師的證照。

　　我在教他工程數學的過程，只因為他常常稱讚我教工程數學的流程是「很有料的套路」。從此我的生活重心開始傾斜，那段時間除了需要修課時才去學校，其它時間都花在備課與教學。

　　當時已擔任家教半年的我，內心有個憧憬，我告訴自己要成為台北車站看板上的補教名師，但沒想到才剛開始應徵大型補習班講師，應徵的三間就全部被打槍。

　　第一次面試搞砸了，情緒還在控制之下；當第二次面試

依然得到負面反饋，內心受到了不小的打擊；在別人眼裡我總是很堅強，但第三次不盡人意之時，我的內心早已傷心到了極點。那天晚上我沒有回宿舍，就這樣一個人把手機關靜音，坐在路邊的長椅上難過，當時女朋友著急地騎著機車在外頭到處找我，也幸好她成功找到並安撫了我。

這讓我想到我曾經看過的一個報導，大腦面對正面和負面的評論，內心停留的時間截然不同。報導說：「當我們瀏覽到別人對我們的正面評論，內心感受大約只停留幾秒；然而面對負面評語，內心感受平均停留二十分鐘，因此多數人瀏覽到負面評語時，便會鑽牛角尖讓自己陷入不平衡的情緒當中。」

接二連三的被打搶的自己，很沮喪，哭泣、失落、無助、心灰意冷好幾天，甚至想要放棄補教這條路，但或許是時間的功勞，將失落的情緒淡化，我開始回想那些面試主任告訴我的缺點並不是針對我，只是想要給我進步的建議！

主任們告訴我的問題是板書問題、熟悉度、場控不好、表達方式……。超過十項的缺點，而這些訊息都值得我花時間一一改善。

然而，只要是人都不喜歡收到他人的負面評論，但偷偷告訴你，蒐集負面評論，好比中樂透一樣有價值。

負面評價二分法：

一、只是惡意攻擊

二、有建設性的負評

第一種你就大可不於理會。第二種很珍貴，因別人願意花

時間和精神，與你分享他對你的想法，不僅能藉此看清自己的不足，還能夠買到一堂訂正自己的機會。

我見過全世界最聰明蒐集負評的企業，是優衣褲（UNIQLO），它舉辦「說優衣褲的壞話拿一百萬日圓」的活動，根據官方統計收集到一萬多封的信，而這些壞話後來居然被用來開發之後的產品，不僅找到品質管理的問題點，也提升顧客對商品及品牌的滿意度。

你知道嗎？

現在許多有遠見的企業，也為了避免自我迷失，甚至特別設置一個部門扮演專門嘴自己公司的角色，他們的工作就是不斷透過不同的角度，來避免企業陷入自我迷失，發現盲點。

切記，無論面對任何評論，我們都需要冷靜思考「應該怎麼改進……」「怎麼做會更好……」

記得「任何的評論都帶著禮物與進步」！

他人負評很珍貴

　　我把教學的缺點，經過了一段時間的調整。這次不應徵大補習班，改爲專攻小班制的補習班。意外的，我接連地被幾間補習班錄取了，從此打開了我一連串的補教人生。

　　誰知道正要決定以教書爲主業的時侯，有天接到一通我研究所同學打來的電話，說我快被指導教授踢出研究室了……

　　人算不如天算，內心開始交戰，第一個選擇，放棄學位，全心教書。第二個選擇，乖乖的回研究室把學位混出來，放棄教書。

　　最後，我選擇了完全沒興趣的事，回到了研究室，只希望教授趕緊放我離開，也就是畢業！

　　無奈的我心想，這就是所謂的「有心栽花花不開，無心插柳柳成陰」？

　　回研究室，我的個性也不會只是乖乖地做我的研究生，說好聽是做研究，實際上就是搞出一個能畢業的碩士論文。

　　很多人以爲我智力好，所以才會一直唸上去。相反的，我的智力不是很好，如果十位在唸研究所的學生裡面，我大概是排在第九位的那一個。

　　在研究室那段時間，我開始思考未來還可以從事什麼行業？

　　當時我選擇了完全陌生的領域，考「甲級廢棄物處理技術

人員」需要考十七科，內容有法規、環保專業知識，需要背的東西還超級多。當時的我也試著去研究人類有效的記憶方法，每天研究好幾個小時，大量的收集資料與閱讀，還去外面補習記憶法。一年的時間內，我成功地逃離理工（順利畢業），並同年考到甲級環保證照。

許多人聽到我的故事後，都覺得我很聰明。但事實上身邊少數人知道，我記憶力不是普通的差，只是習慣找方法而已……

二十幾年來，在沒有明確目標的迷惘人生中，我學到「人生不要有付出少少，就能得到多多的幻想」。更重要的一件事還是「找到提高學習（工作）績效的方法，是一件務實且美好的事。」

想要揪出自己的弱點就是蒐集別人對你的評論。當別人在評論第三人的時候，你可以把他想像成自己，問問評論的人，第三人必須該怎麼做，才能更圓滿的解決事情。

接受別人的評論，並無時無刻紀錄起來；蒐集別人的評論，並詢問對方如何改善？畢竟人最不容易認識的還是自己，除了發現自己的優點之外，也需要面對自己的缺點，這不能只靠自我觀點判斷，藉由他人的意見，或者機構研究問卷測驗，更客觀地認識自我。

歡笑卽溶挫敗感

有句話是這麼說的：「大笑天下無難事。」

臨床研究證實，吃巧克力可解憂鬱、按摩可以放鬆身心靈、聽舒緩音樂可以安定心情。然而歡笑的效果更驚人，不但可以自我照護、強化免疫系統、還能幫助產生正面情緒。一個人，多數取決於自己的感受。例如我們完成一件值得慶祝的任務時，往往不會刻意享受當下的愉悅，大多數的人都急於進入下一個任務中。

而在我準備考研究所的過程中，每天都會制訂所學的進度，等到完成後我會預留五分鐘，讓自己停在那時刻，並告訴自己：「為今天的努力笑一個，你是最棒的，又完成自己的承諾了……」

有時候坐我對面唸書的同學也被我影響，笑著問我：「你在笑什麼？」

關於笑的魔力，根據多國的研究發現，無理由的笑能讓身心都健康了，更何況我是有理由的笑。

我們都了解「知道」和「做到」，後者比較難，或許你早已知道使自己歡笑能帶給自己令人振奮的劇本，但你未必會去嘗試，那就很可惜了！因為就連我自己都無法確切知道，是哪個核心方法使我考上台大研究所的。而當我們一整天都在為每一項進度排練，便更需要歡迎自己的正面情緒，留住這些愉悅

的感受，別急著趕往下一個任務。

　　美國哲學家威廉·詹姆士教會我一件事：「我們不是因爲快樂而唱歌，而是唱歌使我們快樂。」

　　準備考研究所時，這句話我把它改成：「我不是因爲快樂而考試，而是考試使我更快樂。」當時我把這句話放在每天看的到的地方。除此之外，我還會收錄一些會使我歡笑的圖片、電影、笑話……。

　　別忘了花點時間感受你的正面感覺，當你快樂、感激、愉悅時，才能體會世間美好。停下腳步，容許自己體驗歡笑愉悅的情緒，讓他們帶你前往靈魂富足之地。

　　記得，一路上歡慶自己的每個小成功，以之消除我們的挫敗感。

　　你可能也不知道，其實挫敗感都是我們自己想像出來的。

寫作的終南捷徑

　　二〇二〇年時，我為了寫這本書而學寫作，挫敗感頗大。看了許多寫作的書，才大概明白了寫作原理，但許久還是寫不出自己想表達的創作含意。

　　為了讓出書更加順利，我請教了許多文學寫作的人，其中有位學文學的朋友，助我找到寫作捷徑，推薦了我一本書齡超過一甲子「學習讀和寫」的書《文心：寫給青年的三十二堂中文課》，當初的我還非常好奇，七十年前的書能對我的寫作有多少幫助呢？

　　最後發現，此書對我幫助極大，全書用故事題材來告訴讀者，你想要的起承轉合方式，各種寫作技巧都是現成的。不需要親自從無到有、想破頭的去想像，只需要把書中原理應用在寫作上就行了。

　　這就好比你正遠觀一幅畫作，被它的美所震撼與感動，看著這幅畫，你開始肯定畫家是個大師，必定是經年累月才積累這種畫工，而你努力學習畫畫，最終見到了本人，向他請教如何畫出這麼美的作品時，大師卻說：「依靠光學設備來幫忙，我只需要買相機、暗箱和反射鏡就可以了。」

　　聽到這樣答案，除了目瞪口呆之外，還多了些不知所措。

　　不過，故事想要表達的是作畫的過程，早已超過了你的想像，你以為是一人之力而為之，但實際卻是借助科技工具，大

師說你不用去學什麼高難度的作畫技巧，只需要花大約半小時去學習如何使用筆刷，扎實穩固的將基礎打好，也能得到大師級的畫作。

（題外話：此作畫的舉例，已經被今天的科技證明三百五十年前許多世界名畫是利用黑客技術在作弊了。）

《文心》作者夏丏尊／葉聖陶，他們會依據所寫的內容來決定故事主題。但從小寫作文都是老師先訂題目，我們再來寫內容，因此我剛開始也是依照這種方法進行，但我始終無法下筆。

事後發現，我竟然將寫作順序給顛倒了。

看到這本書，我開始明白寫作的自然順序，一定要先有內容，才有題目，這是觸發我寫作的起點。《文心》書中例子：看見了新開的薔薇，心裡有多歡喜的情意要寫出來，才想起〈新開的薔薇〉這個題目；看見了姊姊生病，心裡有好多愁苦想要發洩，才想起〈姊姊病了〉這個題目。

我想，作者想傳達寫作如同吃飯、說話與工作一樣，是生活的一個項目。對我而言，這也是一個非常重要的寫作技巧，我先將自己的生活、對於事情的感悟、對於自己生活的種種交涉，在得到印證、經驗、觸發後，將它們一一寫下，內容產出後，才開始為我的內容冠上標題。

關於這部七十年前的作品，它呈現了作者的行為軌跡，而這些行為彷彿就像他們的復生表演，閱讀過後我也深受他們某些經驗的影響。不知道是否為巧合，這本書啟發我找到許多適合自己寫作的方法。

實際上，每當我遇到令人恐懼和焦慮的任務，便會用各式各樣的方式找尋最佳解決方法，雖然我在寫作還有很大的進步空間，但值得慶幸的是，我利用從此書收穫產出的內容，至少還能吸引你閱讀到這裡。

　　就這點來看，我沒有學到更多寫作技巧，而是從此書學習到用某些視角來描敍事情，它們對人類是很有魅力的。

　　你知道嗎？我當初寫作的恐懼情緒是建立在一個不存在的假象之上的，其實我早就該直接提筆紀錄，而不是繞遠路去學華麗的修辭。所以，這裡要感謝一下這位朋友和《文心》的兩位作者，幫了身為初學者的我一個大忙。

　　後來想了一下，其實好多學習任務都經常容易陷入這種陷阱循環，本應學習的時間，如果用來焦慮就太浪費了。尤其當你焦慮越多，學習的時間就越少。

　　因此，當你學到這個階段，找到排除挫敗感外，接下來就是多做多練了。所以，想到就去嘗試，不隨便退而求其次。

　　你需要敢想、敢做、心想事成！

第六章
空降特戰部隊的啟示

一種標準，一種結果

標準是什麼

　　二○○八那一年，我選擇空降特戰部隊（簡稱空特）服役。

　　許多朋友都會好奇問我：「你為什麼當兵會選擇空特？不是很恐怖嗎，它比高空彈跳還危險呀！」

　　我笑著回答說：「我有一個夢想，就是到國外挑戰高空跳傘，然而國外跳傘需要花很多錢，那倒不如在國內當傘兵不用花錢。再說如果能成為合格傘兵服役的話，薪水又比較高！何樂而不為？」

　　然而，我內心想法是：「一個人如果要從飛機上跳下來安全著地。相信訓練過程必然嚴苛，同時所要求的標準也一定很高。」

　　傘兵在地面需要兩週的訓練時間，在訓練過程中，許多人受不了磨練而放棄，而且訓練完成後，還不見得可以上飛機，因為還需要通過最後的地面鑑測才行。這段時間的魔鬼訓練只是為了爭取幾分鐘的空中跳傘，要成為正式的特戰傘兵，還得通過五次跳傘，而魔鬼訓練內容包括每天至少跑三千公尺鍛鍊體能，操練時須戴鋼盔、穿著長袖迷彩衣服和頗重的皮鞋。

　　回想起來，第一天我因為訓練過程不斷跑、跳、翻滾的關係，雙腳和皮鞋摩擦至腳後跟都磨破了，走起路來非常不舒服，但長官並沒有因我腳傷而停止施壓操練，我只能咬緊牙關

忍耐，疤痕至今依然還在。

南台灣的八月分，超過三十度火傘一點也不饒人，連上弟兄包括我在內，在屏東大武營裡，頻頻出現橫紋肌溶解症，得到的人幾乎高燒不退。那時，我瘋狂補充水分猛吃退燒藥，還交代同袍弟兄：「如果我暈倒了趕緊幫我叫醫護官啊。」然而，過程中我都不敢去醫護室報到，因為一旦中斷訓練會被退訓，等於前面幾週的努力全部白費，就再也沒有機會成為空特了。

我想，我一輩子都記得訓練教官的一句話：「如果飛機都跳過了，未來人生的路上，還有什麼好怕的！」

每每回想起這段地面魔鬼訓練，確實很累，因為體能的負荷很大，但當時看到一群訓練的班兵都還在努力，我也咬著牙撐著，彼此共患難，成為互相加油打氣的同伴。過程中我曾好幾次快堅持不住，便常常問自己：「我能順利結訓成為特戰傘兵嗎？」

通過地面訓練，我成功嘗試了第一次跳傘，跳傘前教官告知我們乘座的C-130運輸機是單程票，這架飛機只負責載我們上去，不負責載連上弟兄下來！但當第五次安全著地的時候，我內心非常感動，很感謝弟兄們的陪伴與教官對我們嚴格的訓練，同時也體認到，很多事情只要拿出一定的標準並且撐過去，也能瓜熟蒂落。

你問：「跳傘讓我學到了什麼？」

從為自己訂下標準的那瞬間，就決定好未來的水平了。

美國電視主播芭芭拉‧華特斯說過：「你給自己的標準同時，其實也決定了你的命運。」

生命當標準的眞諦

做任何事情，都免不了事前的準備，而這準備的標準是如何訂定？

做傘兵的人，應該不會忘記兩個地面訓練，一個是高台翻滾訓練，不看地面在高度約七十公分的地方練前滾翻和後滾翻，要求五點著地的動作。其中還不能看後面，從高台跳下往後滾，更需要勇氣和自信。再來就是運動神經，許多人早已在這階段無情地被淘汰。

話說，退伍後有次騎車，我雖直直的騎著，但在我前方的一位阿伯突然往左切，當時車速約時速六十公里，根本來不及閃他，於是我的車往他的左後方撞上去，連人帶滾爬了好幾圈。幸虧我在傘訓中學過五點著地訓練，將衝擊的力道用身體滾動抵消保護了自己，最後停止的時候，人竟然安穩站立著，只能說我眞的滿幸運的，當時只有手腳擦傷，人安然無恙。

再來就是恐怖的高塔訓練，也是跳傘訓練項目中的大魔王，高度長達三十四呎（約三層樓高）。

爲什麼是三十四呎？

這個高度是科學家實驗出來，剛好是人類視覺最恐懼的高度。當時聽一位教官說雖然自己看了幾千次，但是對於這個高度還是會感到些微害怕，看到這裡，你不難體會三十四呎高度多恐怖了。

很多同袍來到這高塔前，根本嚇壞了，雙腳發軟之外，不敢跳出去，許多人因為恐懼的因素被淘汰了；而我也不例外，第一次是半蹲跳出去的，第二次也是如此，第三次準備跳出去的時候，教官就告訴我：「你無法站立跳出去，還是會被淘汰。」

　　正式跳傘前的準備，大家需要準備充足的體能、臂力和腿力訓練、擁有翻滾的技巧、熟悉操作，並克服恐懼……。地面訓練就是為了上飛機，最難忘的事是我們在等待運輸機後艙門打開那段時間，朝著運輸機走過去時，聽到了運輸機轟隆隆的聲音，渦輪的強風吹在我們身上。當時的聲音與畫面至今難忘，彷彿身處電影場景，我非常亢奮，腎上腺素飆到了最高點。

　　在機上，教官開始精神喊話，班兵們一起呼喊振奮人心的口訣，等飛機到達預定的空中機門打開時，強風灌進來，引擎震耳欲聾的聲音讓內心波濤洶湧，我只能不斷給自己信心喊話，從門隱約著往下看，天哪，怎麼比我想像的還要高啊！

　　因為我是第一組先頭部隊，也沒有時間給我想太多，於是我們就從大約台北101大樓的高度，一組一組的往外跳出去。

　　許多朋友問我第一次從天而降會緊張嗎？我的回答是：「不會。」我內心帶著終於可以體驗從飛機跳下來的興奮感。當我第一次著地時，因地面風速不小，所以我眼睜睜看著同袍被降落傘拖著走。第二次跳傘，因為當天天空中的風速不穩定，使得許多同袍都偏離了原先預定的著陸場，有的人被風吹到掛在樹上，也有人落在馬路上。於是，我的想像力讓我越跳

越緊張，從第一次興奮不已的跳出機門，到之後第三、第四、第五次的跳傘是越跳越害怕，越跳越猶豫。我和多數人一樣有懼高，然而從畏懼到成功完成五次跳傘，猶如電影般的情節，我彷彿變身成中華民國特戰傘兵，這是一輩子光榮的印記。

而我們空特的口號就是「忠義剽悍，勇猛頑強！」

高標準意思就是唯一的準備，這種磨練能讓你從最初怕摔、懼高、沒體力，到最後成為一個體魄強健、意志頑強的人。

傘兵之所以能安全著地，其實是因背後有著一群不為人知的無名英雄們為我們把關，他們就是傘兵中拿命當標準的一群人。傘兵跳傘技術靠自己，但幫助自己平安著陸的關鍵靠的是傘具，而負責摺傘、保傘連，又被稱之為傘兵保母的這群人，皆是拿著命在為每一副傘背書。

有個發生在二戰時期的故事這麼說的，因為美國空軍曾因降落傘合格率達不到百分之百，導致傘兵在非戰爭傷亡率中高居第一。軍方一再要求廠商必須讓降落傘的合格率達到完美，然而廠家總是稱百分之九十九的合格率是他們竭盡全力後的極限，這也意味著還沒打仗，一萬名士兵便需要有一百人先送命。

此事傳到了二戰名將巴頓將軍那裡，一向雷厲風行的巴頓親自來到降落傘廠協商視察，但情況依然沒有進展，巴頓於是走進車間，隨機從成品中拿出一個降落傘，命令廠長登機親自試跳。軍方隨後發布命令，派出一個軍方監督小組，每批次成品降落傘隨機抽取若干，由廠長本人親自登機試跳，測試後再

發往軍方。

　　而後奇蹟真的出現了，該廠生產的降落傘全部達到百分百合格，這歸功於他們的自摺自跳。

　　你平常是否也用生命在當標準呢？

每個人心中都有個標準

有句話這麼說：「現在你站在什麼地方不重要，重要的是你往什麼方向移動。」

標準的設計取決於自願，而決定權在自己，這意味著你未必要有一套標準規則。根據心理學家研究，人類內心會產生厭惡、否定自我的心態。比如說有些人對吃的標準非常高，晚上要去哪裡吃，這樣吃好不好，對吃有一定的章法。也有人喜歡每天過得充實的感覺，自己的生活標準是讓自己有積極的反饋。然而也有些人的標準就是希望成績名列前茅。

就心理學家研究結果，人類對一件事情的標準，如果從符合自我的標準和違反自我的標準，兩者情況下做選擇，通常會盡可能選擇做到符合自我的標準。不然將可能產生強烈的厭惡感。

自我標準是會習慣的。往後當你否定某些事時，你不難發現此時眼前的事情不符合自我標準，你同時可以趁機檢視一下自己何時開始有這樣的標準，這是一種自我探索的好方法，只要持續探究下去你便能更加了解自己如何設定標準。找到適合自己自訂標準的覺察方式，並適時的利用於自訂任何標準，以完成更高難度的任務。

標準是一種有路徑的決策、參考點或者實務做法，也可以是我們做出的保證、表述或承諾。

幾十年來，我一直使用兩個制訂標準的方法。而標準越單純，對自己越實用。但你可能不知道，有時候人會因爲自我標準而誤一生。

化去標準的黑暗面：標準得有彈性

你享用美食的標準是什麼？

你對學習的標準是什麼？

你換輪胎的標準是什麼？

你尋找另一半時，所用的標準是什麼？

自我標準能影響你的健康、生命安全和幸福，你覺得哪種標準最好？

我想我也說不準，不過在這裡我能夠分享十幾年自訂標準的方法給大家。

首先，我的標準就是「生活不要過得太標準。」或許很多人聽到我的說法會出現疑惑，你不就在分享怎麼制訂標準，為何又說不要太標準？標準是很有意思的，許多人在日常生活中經常為自己添加過多的標準，然而這些條條框框的標準，在最需要標準的時候反而失去標準。

從認知標準有限的概念說起，比如我們起床要刷牙，你擠牙膏的標準是從後面往前面擠，總是前面鼓鼓、後面扁扁的。但家裡的哥哥喜歡沒有規律的擠牙膏，也因為擠牙膏方式不同而發生爭執。

再來是媽媽，當她正為你準備早餐，你走進廚房卻看到她用大火在煎荷包蛋，因為和你煎荷包蛋的標準不同，因此又與媽媽在廚房爭論了一番。之後，你也就因為早上和哥哥、媽媽

爭論過，心情感到不愉悅，到學校上課後便心不在焉，導致影響學習態度……

標準當然不是一朝一夕可以建立起來，但當你建立自我標準後，生活中總會有許多我們無法掌控的事情，別人標準和你不一致，人類的內心便可能出現那些厭惡、否定的心態。更何況，人們總有自己的價值觀通常不一致的狀況，有時難免會得到他人反抗或爭論，進而影響到你一天完整的生活。

美國社會心理學家費斯丁格有個著名的論斷：「生活中百分之十的事由發生在你身上的事情組成，而另外的百分之九十則是由你對所發生的事情如何反應所決定。」

你曾經被自我標準轄制了嗎？

它一定會影響到你的思維與行為，說白話一點，你的標準如果沒有預留空間，智商便會隨之降低，也因此降低認知能力和自我控制力。所以，建立標準首要的關鍵是保持良好的心態及正確的反應，別忘了正確的反應才能帶來更好的生活，這就是標準的意義啊！

就標準本質和形成過程，使用不當會消耗掉我們生活的精力。比如你無時無刻提醒自己要吃健康的東西，就這點「無時無刻」出現在自己的生活裡，看似長期對自己是好事，有時卻未必如此。比如有天愉快的聚會就因為你回朋友一句話：「不好意思，我不吃這些東西。」讓別人對你產生誤解，覺得你很難搞，這不就間接影響別人對你的態度。為了避免自我標準的缺陷，請記得為自我的標準預留空間。

別忘了時常檢視自己的標準，雖然有些事情因為制訂了

標準可以做得更好，卻有時也會使你陷入生活不愉快的惡性循環。因此，你需要在生活上讓標準保持彈性，以防標準影響了自我的態度。

記住，設定標準要有兩個彈性：

一、做自己，不是要爭論。

二、有方向，但不求完美。

如果你開始擁有興奮與感動的標準，就可以開始開創你無敵燦爛的人生了。另外，我有一位學生他的父親是醫生，因父親長時間日夜顛倒，經常從下午起床後就忙碌至三更半夜，家人常常勸他要修正自己的生活作息，也因此這樣容易鬧得全家不愉快。就我旁觀人來看，父親的生活標準已經過得太標準，忘記了生活中還需要有親情、娛樂、休閒……。

再強調一下，人的時間和精力皆有限，別因為自我標準疲於應對外界刺激，最後造成顧此失彼，所謂良好的標準是需要在生活和自我上取得平衡。

最後，你可能會質疑，標準有彈性怎麼稱得上是標準呢？

就宏觀來看，標準需要有預留空間，應當無時無刻讓自我保持清醒。

那什麼情況下標準是比較沒有彈性的？

標準的力量

經濟學家說過：「貨幣標準不是來自於政府的強制力，而是來自於人們的接受。」

不管我們做什麼事情，結果還是最重要的，所以當設定目標後，就必須給自己設定行為標準。例如米其林餐廳為何能提供美食一致性？想必其中的標準與食材品質、廚師料理以及對味道的駕馭能力相關。

標準是強而有力的工具，或許你沒有真正想過要訂定自我標準，而且標準也不是訂一大堆規則後把自己綁得死死。

「預設情境」是自訂標準的第二個祕訣，神經語言學的專家一致認為，學會預設情境能協助一個人具有更卓越的行為表現。

而預設情境三方面的成因：思維、語言、行為。

預設情境簡單來說就是設定目標後的下一步，將自己放入某一種狀態裡，進而改變我們原本沒有的心態與行為，提升自我的運作效率。因此，學會預設情境對於人生的每一方面皆有莫大幫助，如果學會使用，便可以花費更少心力做自己該做的事情。

為了了解預設情境，我將告訴你如何使用它。首先，可以將自我標準先寫下來，再利用每晚找時間預先想好隔日的預設情境。然而，預設情境有一個非常重要的關鍵，就是需要「重

複」以及「優化」。

　　如果我想要自己明天做一些事情，可以自我對話或者在腦中想像畫面，「明天起床後我會非常有精神，為了考研究所我需要做工程數學五題、動力學五題……我會好好的完成目標。」接著，連結「我每天必須全力以赴，也為了辛苦的父母做努力，我真的很感謝他們為我做的一切，考上台大的時候他們會多麼高興……」

　　每天找時間為明天的自己做預設情境，就是先建立一個正向的心理狀態。神經語言學家告訴我們刻板的行為序列，比如開車都是利用重複的力量，把注意力集中在瞬間的感官細節上。在開車的情況下，開車的手放在方向盤上不僅可達到安全方面的實際目的，同時也是讓自己專注於開車當下。

　　預設情境能創造一種獨特的關注狀態，這種狀態下的行為比平時要簡單的多。在沒有預設情境的情況下，人的行為通常不按照自己的意識去做，經常沉浸在自我理解的更大事件中，而預設情境將可成功使注意力從事件的整體轉移至其中的行為上。更重要的是，如預設情境次數重複愈多次，大腦便會越來越難以抗拒預先設定好的情境目標，並讓自我行為傾向更為不可抗拒的狀態。提醒你，執行標準的過程，需要保持彈性。

　　我為什麼將預設情境作為標準？就是因為它本身是一種強大的思維拓展工具。神經語言學家說明了許多人利用預設情境描述他們尚未完成的目標，利用這些非常深刻的感受與經歷轉移注意力，並重複帶來高度的參與感。即使是我們恐懼與討厭的任務，當一次次重複預設情境時，便可降低恐懼與害怕的指

數，我將在第八章〈幻覺力量〉裡分享更多有關預設情境的祕訣。

研究還表明，全世界人類最害怕的兩件事，分別為是死亡與上台，我當然也不例外。我是一位非常、非常恐懼面對人群演說的人，還記得二十四歲那年我面對一場幾百人的演說，為了讓演說更加順暢，我利用了預設情境來模擬自己演講的感受。一開始我先把講稿寫好，再錄音起來，一遍遍重複播放，並適時修改演講內容，漸漸地，預設情境便實際在我心上畫出一條熟悉的路徑，自我標準也同時預測著真實場景。這種體驗，正是造就了標準與目標共有的主體性，彼此之間形成了一種心理框架，比不做任何預設情境好上千萬倍。

然而，你可能會問我是否因此克服上台演說的恐懼？

坦然告訴你，到目前為止我還是害怕上台演說，雖然我不能變成演說界的行家，但如果有任何機會上台我還是會花時間使用預設情境的技巧。

利用預設情境當標準的好處，就是隨時可以使用它、隨時調整與修正你的標準。這種思考模式一方面不需花大把的時間學習，還具備持續效果。學習任何新技能都需要花點時間練習，預設情境便是本書的核心技巧，你只需要有耐性，並享受這過程即可，因為當你明白的越多，就越容易上手。

假如你不確定自己有什麼目標，可以問問內心：「目前最想要改變的事是什麼？」

可以的話，多接觸一流的標準，對任何人都是充滿著能量。

舉世聞名漫畫家手土家治虫說過：「去看一流的電影、戲劇、聽一流的音樂、讀一流的書。」

如果你開始擁有興奮與感動的標準，就可以開始開創你無敵燦爛的人生了。

第七章
你是什麼咖？

小卒變英雄，靠設計功夫

拓展人生

　　有句話是這麼說的：「生活總得有件自己喜歡做的事，才能離幸福近一點。」

　　話說我們的祖先依靠步行的方式，花了幾天幾夜移動到另一個村落，光是這樣他們就覺得很有意義了，如今有人坐火車從南坐到北，僅花幾個小時卻也讓他覺得無聊。

　　我覺得生命像花朵一樣，經歷三種階段：生長、開花、凋謝。若我們在花旁架設一台攝影機，紀錄花開、花謝，與現實兩個不同的空間，經過了若干年，現實空間裡早已日新月異，多了許多高樓大廈、星巴克、麥當勞，甚至是百貨公司，唯一不變的只有攝影機中不斷重複的生命歷程。這並不是什麼新鮮題材，對別人似乎也微不足道。但活到現在，我偶爾會突然問自己：「如果某一天我突然死了。」那這三十幾年的積累，其實就像存在主義說的，生命是無意義的、是荒誕的，自己猶如活在神話裡的薛西弗斯，將巨石推上山頂後卻滾回山下，一切皆功虧一簣。

　　不管我們人生經歷是否相同，對不同的人來說，依然有各自的人生意義。在人生意義這點上，沒有高低之分，唯有適應方式的不同。相較之下，我們就像薛西弗斯懷疑自己往上推是否還有意義的時候，有什麼方法能拓展我們的人生？

　　我認為永恆不變的方式是：開創！

開創力

　　我是個需要開創與新鮮感的人，比如說明天去一間我沒去過的餐廳嚐鮮、後天買一本沒看過的書籍、夏天到了可以去我沒去過的海邊看海、秋天就去俄羅斯走一走、春天用眼睛感受，我想，開創也可以是對美食的浪漫情懷，甚至是追求新鮮與永恆。

　　如果你問我：「如何找到開創的道路？」開創本身就是一條道路，是人生的小嚮導，開創將通往價值，也需要你果敢地掌握它。

　　有開創意味著有標準、有要求、有冒險、有積極性。相反的，無所謂意味著沒有標準、沒有要求、沒有激勵。

　　多少你認識或崇拜的人會讓你感到他們擁有強大的執行力和生命力，同時也喚起你微微的讚嘆。其實，他們基本上都做了一件事情，就是開創！

　　你是否會覺得開創很難，也很辛苦？

　　答案是，也不是。

　　開創大致分三大類：「創新、創連、創變」。

　　其中這裡先不談創新，因為點子這個東西，約翰‧史坦貝克說過：「點子就像兔子，抓到一兩個，就知道怎麼抓，沒多久可以抓到十幾個了。」

　　在做創新、創連、創變這三件事之前，你心中或許有些

疑問：「沒有背景、沒有本錢、沒有人脈、沒有學歷怎麼開創？」

今天做這三創無須高學歷或者專業認可，宛如導演、演員、作家、藝術家。只需要足夠的資訊量和管道便足夠。也就是說，你需要找到關鍵項目和關鍵人物。

到這裡多數人內心還有質疑，如果有關鍵項目和關鍵人物，早就動起來了，但反過來思考，如果有途徑找到這兩個關鍵因素，你會想知道嗎？

二〇一二年，因為我在念研一的時候每個月月薪可以破十萬，差點放棄我的學業，直到有天，接到一通研究所同學打來的電話，他告訴我：「指導教授說你再不回研究室就把你的位子移開了。」

其實我原本打算休學，先賺錢幫忙家裡還債，但我媽為了這件事情吃不下飯、睡不著覺、偷偷的傷心，每天都打電話告訴我：「你這麼辛苦才考上台大，就好好的把它唸畢業，之後要做什麼再規劃就好。」

說真的那時候的我感到徬徨，我很想畢業，卻也非常清楚自己幾兩重，說白話一點就是沒有半點畢業的能力。

某天我決定，學歷就為了母親唸也好，結果不理想也沒有關係。於是我回歸校園拚拚看是否能畢業，把所有補教的課程砍到只剩每週六、日，正常出現在實驗室時早已升研究所三年級，我的指導教授門下和我同屆的同學有三位，記得其中一位同學已準備要口試，另外一位預計半年後口試，而當時的我連研究題目與方向都沒有。

我指導教授的專長是水下機器人、水下載具，這類的專業領域不容易混畢業，需要讀很多國外相關的研究資料、寫程式與做實驗的能力。回到研究室後經過三個多月，總算收到教授給我的研究方向：側掃聲納。多數人應該是第一次聽到側掃聲納，簡單說，它就是幫海床地貌照相、探測水下的儀器。

　　每個星期我們研究生都需要向教授報告研究進度，而教授給我們的任務基本上都不容易，困難到每次我要跟教授報告進度前，都得花費不少的功夫再擠出一點研究過程與數據。這是我讀書過程中內心最焦慮和無助的時候，有時候坐在實驗室看著燈光都會出神，兵荒馬亂的日子持續了一年，幸好我很幸運地成功畢業了。至今，這依然是我最枯燥的「創變」，其終極目的卻只是為了一張紙（畢業證書）。

　　創變它不是捷徑，像是棒球選手，打全壘打之前，都曾經吃下不少三振和觸身球。針對自己的創變找方法也是一樣，每次嘗試都會更適合自己，你可以享受在自我發現中這種令人欣喜若狂的氛圍。

　　人類為何不斷創造科技文明？這一切都由我們老祖先提出的簡單問題「為什麼？」開始。比如說我在準備研究所考試，時常問自己「為什麼我能考上台大研究所？」這麼做正好能使人類在疑惑中激發出原始本能。

　　這就是一個簡單的真理：「釣魚需要用對的魚餌。」

　　同樣的，學會「自己的人生自己回答」，我稱之它為布局。而所謂的布局還可以分為布局別人、為事業布局、為第三方布局等等。

但其實別忘記，布局自己才是最重要的。

當你踩進正確的局當中，將會提升你的生活認知與情緒格局，接著你會習慣不停地開創下去。

有次我看到神經科學的書，裡面提到一個有關人類透過眼睛可以影響飽足感的例子。這好比我們去高級的餐廳吃飯，端來的餐點以非常大的盤子裝著我們要吃的佳餚，人類們會因為視覺對比的影響，大腦透過眼睛告訴我們主餐分量不多，後面的甜點飲料可以多吃，也因此我們吃下的分量會比預期更多，也會花費更多錢點其他的餐點。假如把相同的食物放在較小的盤子，我們就會發現其實分量不算小，大腦會被刺激認定分量已經足夠。

同樣道理，我開創了一個筆記方法，把一樣的筆記分別記錄在A5（148×210 mm）和A3（297×420 mm）的紙上，學習成果就有很大的差異。比如A5筆記寫滿了四張，但一樣內容的筆記寫在一張A3即可。而處理相同的問題，當我利用視覺感知告訴自己，所有問題都已呈現在這張A3裡面，其效果能大大降低自我的認知負荷。

當你了解人類的大腦是相當吝嗇又懶惰，你就必須使用有效的方法來騙自己才行。明白如何將關鍵資訊輸入自己的大腦，便可以增加考試勝率，甚至能夠提升學習效率。

開創為何總是吸引人的原因出自於親身經歷，不管是開創成功或失敗，只要你清楚知道事實為何，將它們整理起來，理出一些有見解的資訊、技能以及方法，便是一種開創！

以上開創的例子，你是否想更進一步在這本書透澈地了解，接續閱讀便能清楚如何更加靈活的使用。而我開創本書，你是否也間接受到書中價值觀念與技巧的影響了？

有否創連的捷徑

　　有句話是這麼說的：「有道無術，術可求；有術無道，止於術。」

　　想請問你一件事：「普通人怎麼模仿成功人士的思考模式？」

　　就像香港富人李嘉誠，在公開場合逢人就說，他多年的成功都基於一個字「誠」。然而，他真的是靠誠而成功的嗎？

　　我想一部分是，但絕非只有如此……

　　這就是「道」與「術」的分別，如果你能把《孫子兵法》倒背如流，讀得滾瓜爛熟，試問你是否有信心帶領軍隊與敵軍交戰呢？

　　不過報導指出，李嘉誠三十年的私人司機，月薪約七千左右的港幣，沒有高學歷與財經背景，如今退休後卻有兩千萬港幣的資產！

　　所以你是什麼咖，才是決定你人生的首要關鍵。

　　話說回來，李嘉誠的私人司機，只知道老闆在買賣什麼，不需要再去讀財商學院，也能跟著老闆學投資，也就是他只知曉結果，動動腦筋將閒置的資金跟著老闆的方向投資，不需要深入鑽研交易策略，也無需動用太多自己的想法。

　　反思，人的一生能遇到幾位像李嘉誠這樣的老闆？

　　先談談如今的連結方式，奇特地看似一種混亂的連結，卻

也朝著高度集中化的發展。就好比說二〇二〇年在東京奧運得牌的選手，那幾天台灣的網路流量幾乎被他們瓜分，連這些奧運選手自己也覺得不可思議。然而，這是如何發生的？雖不是刻意進行，卻也沒有人能防止它發生。

這裡舉戴資穎為例子，在參加二〇二〇東奧前，戴資穎早就是世界羽球排名第一，早就是世界知名人物。

當戴資穎參加二〇二〇東奧奪得銀牌，才短短一個星期左右，她個人IG已暴增八十萬粉絲追蹤，而我們會發現這些連結是塑造人們生活的隱藏背景，這麼多人願意透過IG連結關注球后戴資穎。

話說每天有一群人，其中包括電腦專家、心理學家、經濟行為學家都在研究這些效應，「為何現在高度連結的形式在全球遍地開花？」

我在讀研究所的時候，看過一篇研究報導，要將世界上所有不認識的人做關係串連，只需要六個人就能建立起聯繫，研究人員稱之為「小世界效應」。例如你在地上撿到一張照片，照片裡有位長的不錯的美女，你想認識她，只需要透過自身周遭六人的連結，就可以找到。

這種六度空間理論，早在一九三三年就被史丹利·米爾格蘭提出，理論當初只是猜想任何兩個不認識的人，通過一定的方式就能產生聯繫，大約通過六個層次後能實現個人期望的際遇。而六度空間實際上更像是一個數學理論，如今事實已能證明，人與人可以透過更少層次在相互之間產生聯繫。

二〇二〇年，臉書註冊人數有二十八億人，占全球三分之

一人口，透過大數據研究，人與人之間平均只隔了三點五七個朋友而已。

如今許多人為了這句名言而著迷：「成功不在於你知道什麼或做什麼，而在於你認識誰。」

如果你真的相信這句話，可能會死不瞑目。若你對自己人生還有所期待，卻因為個人原因而不願意學習更多方法，或許你剛開始跌倒很多次，還可以看得開、站得起來，但久而久之你可能會開始埋怨自己運氣不好，或者認為自己懷才不遇。

這個潛在危機與陷阱，來自於你可能認識了很多你認為可以幫助你的人，接著你就會有綁手綁腳的切身之痛。

假如真要討論，這句名言只對一半，缺了一個關鍵項目，更精確地來說，和你的性格也有關。

找方法來開創

有句話是這麼說：「沒有開始，就是空想。」

你還記得第一章我談過能力是Shit，方法是活的，我雖然沒有學過高中數學，卻能在半年內學好，並且月薪破十萬。

那麼你會想，沒能力如何開創呢？

當時我打從心裡就是要教高中數學，於是我利用幾天的時間布局盤點，有哪些方法能讓我學會高中數學？收入目標是多少？打算多久時間達到？

於是我選擇了一條自己先設定好的計畫進行，先到台大家教社登記要教高中數學，而且跟社團的同學要求我想要教高三的學生。（題外話，讀台大的好處：許多父母會去台大家教社找老師，從教幼稚園到博士班的專業老師應有盡有。）

你可能心裡會覺得很扯，我不會高中數學就先找學生，更誇張的是找高三學生來教？

但有個問題值得我們認真去思考，到底是準備好再開創？有能力再來開創？還是先開始再說？

我想，大部分不敢踏出第一步的人，都覺得自己需要有萬全準備才開始。也許你會覺得我沒有能力，會感到焦慮不安，還會害怕過程出醜。

但你一定要知道，任何開創都不是有跡可循。過程會發生什麼事無法預測，唯一可以做的事就是布局盤點，先將方法找

出來，並勇於嘗試失敗或錯誤，便能走近開創。總之，你需要先有一套腳本，最終實踐並成就它。

回到故事，我等待了大概三天的時間，接到家教社通知說有一位想上高三數學的學生在台北樹林，問我要不要教？我馬上答應，拿到對方的連絡訊息之後，就和學生敲上課時間。

到這裡你可能還為我擔心，「你都不會，怎麼教？」

當時我故意和學生約一個星期後過去上課。告訴你一個關鍵訊息，我找家教學生之前，已事先上網找全台灣高中數學的名師，選定我比較喜歡的教學方式，與有出DVD教學的老師。

這時萬事俱備，只欠學生了。

所以當有學生後，我就上網訂盜版的DVD，因為當時家裡正處於還債的狀態，沒有多餘的錢買正版的教學影帶，一整套少說都要四、五萬塊。（備註：基於當時環境因素，買盜版個人承認這麼做是不對的行為，請勿以身試法。）

三、四天後我收到教學影帶，當時我每一堂家教課要教三個小時，我就花八到十個小時觀看，並且練習、思考以及整理教學內容。

這過程中我會擬定自己的行動方案：

要做什麼事情？例如學習高中數學。

預計花多久時間？例如觀看時間與次數。

要做多少量？例如自己要練習幾題？

不出半年，我將高中數學學好，從當時時薪1,000～1,800之間，把平日晚上、假日的時間塞滿，至月薪破十萬，寒暑假甚至破二十萬。

在這之後，我非常熱愛教學、全心投入整合全省幾位名師的教學技巧，這也是創變的技巧之一，自編講義且系統化教學，到目前從事高中數學的教學資歷有幾十年的時間。

開創不應深埋在心中、停留在嘴上，而是大膽地說出來、大膽地展現出來，讓它產生可行的效應，讓開創向前推進。

最初的開創是需要布局盤點的，你要知道這些細節擬定（目標、計畫）的真正目的是為了什麼？

而我老實告訴你，這一切燒腦的布局盤點其實都是假的，這麼做真正目的只有一個「騙自己，執行第一步驟」。事實上，當你真的踏出了開創的第一步，後續便會有第二步、第三步了⋯⋯然而，計畫經常趕不上變化，先前布局的分析不一定會被實際運用，下段我們再詳細來談這個問題。

此時，再回來問你一個很嚴肅的問題，人脈很重要嗎？

假如你要認識一位非常成功的人，花了你很多時間、精力和金錢後，到頭來你想要得到了什麼？

就算認識一百個馬雲，你就能平步青雲嗎？

不，通常你會更失落！

所以我想強調，不要為了人脈，而成為人脈的奴隸。

這麼說並不代表人脈關係不重要。

只是對我而言，開創高準運動，只透過兩個人就達到了目標。

為了教高中數學，透過台大家教中心的媒介，便開創我之後的教學生涯。

最核心的原因是，我二十歲知道六度人脈理論後，便專注

在找好的關鍵項目。

　　這技巧就好比我們是一位五星級的主廚，食材皆隨手可得，調味料也應有盡有，那你此時只需思考怎麼開創一道讓人垂延三尺的菜餚罷了！？

摸石過河試水溫

　　心理學家賽里格曼說：「美好的生活是每一天都用你的優勢去創造真實的幸福和豐富的滿足感。」

　　事實上，多數開創人都是摸石過河的方式，只有走進河裡的第一步是計畫中的事。

　　好比我剛開始以為家教只需把學生教好，但結果並非如此。

　　先說明一下做任何行業大致分成兩種型態「文市」和「武市」。

　　文市通常需要普通或高檔的品質，例如百貨公司，將店面開在精華的地方，生意自然而然不會太差，也比較不會遇到討價還價的客戶。武市就必須主動出擊開發顧客、服務顧客，例如菜市場，常常遇到會議價的客戶。

　　如果你剛開始當家教老師，便需要文市、武市兼備。當你一開始去免費試教，就會面臨到學生是否喜歡你的教學品質的問題，少說有三、五位老師和你競爭，加上前後都有試教的老師，比較與競爭感相對更大。曾經就遇到有位學生試聽過十幾位老師之後才選擇我的。

　　這些競爭在我選擇當家教老師之前，並不在我計畫當中。剛開始在沒有口碑的情況下，我意識到自己需要設計一套「有效的試教流程」。

首先，還是需要布局盤點，試教的學生程度分成高、中、低，我需要思考自己打算花多久時間試教？試教內容為何？我的特色是什麼？同樣試教，學生為什麼要選擇我？

　　藉由萬問萬答的布局盤點是最有效率的方式，若你明白了這個技巧，將它用套在解決任何困難的任務上，便能少走許多冤枉路。此眉角就在於，你問的問題越多，和現實的連接就越加緊密，恐懼進而會越來越少。問與答並不意味著要找出最佳的方法，過程中可以試著降低自己的恐懼，你要知道恐懼來源於未知，很多時候恐懼只是因為未知，並不懂該如何去思考而已。

　　一開始面對程度高的學生，我會選擇前面試教老師教過的單元，相同的題目程度好的學生已經會，所以我不會照著教，只需把題目加深加廣，反問這高程度的學生，如果題目改成這樣你該怎麼解？或者題目改這樣是考你什麼觀念？利用幾個題目，讓學生知道原來自己並沒有想像中厲害，直到我點醒他很多延伸的觀念與技巧。同樣的，程度中等的學生也可利用這種策略。

　　如果遇到程度不好的學生，我會在短時間內了解他的程度，在講解過後選擇他能獨立完成的題目給他練習，或者以相同的題目讓他再自我操練一次。目的很簡單，就是給程度不好的學生信心。如果學生講對就不吝嗇地給他鼓勵，如果錯誤就引導。我通常不會馬上給答案，直到引導正確為止，而其中的技巧就是不斷的提示而已。在試教過後，閒談之間了解學生生活與學業，很多時候就會跟學生說：「下一堂課我會告訴你，

我如何從放牛班考上台大研究所的祕訣。」或是「課堂上如何聽出學校老師洩題的資訊。」讓他們對我下一堂授課有期待感。

種種的試教流程疊加起來，讓很多學生認為我是一位可以協助他們課業、同時讓他們充滿信心，並且有其他附加價值的老師。

你跟別人有什麼不一樣？

並不是你要變得很厲害，而是你要知道努力與眉角的差異。

知難而進

我在序言曾說過，有人問牧師：「牧師我在祈禱時，是否能吃東西？」牧師回答：「No！」又問牧師：「牧師我在吃東西時，是否能祈禱？」牧師回答：「Yes！」

有些時候行不通的方法，倒著做居然有效。

多數人早已習慣設定好的思考，比如說多數人都經歷出生、求學、出社會上班、結婚生小孩……

別以為人是思考的動物，絕大部分我們是不喜歡思考的。根據心理學家康納曼說過：「日常生活中，人類喜歡依循規律去運作，大部分的時間依靠著直覺和感覺在生活。」

如果你想開創，那就需要了解如何擺脫這種機械式的生活以及社會中既定的種種框架。

學會解殘局是打破思維的第一步。

記得我在谷關當兵的時候，有次我和學長下象棋，下了三盤都是我輸。過程中，我明明一直進攻，就是攻不下，我總明顯地感覺到學長很少把自己的棋子走過河，原以為自己可以出其不意的獲勝，然而學長正是在等我走錯任何一步棋，以逸待勞將我拿下。

學長事後跟我說，他學下象棋就是從解殘局學的。學長說道：「了解象棋的解殘局，短時間可以使你掌握更多殺棋和防守的技巧。」

例如：剛開始要當高中數學家教老師時，我只是一張白紙。

　　捷徑是先找學生，爾後再學習。

　　例如：目標考台大研究所，對我來說天方夜譚。

　　我先告知天下，我要考進台大。

　　例如：開創高隼運動，沒有任何創業經驗。

　　先開創專利技術，後學市場行銷。

　　例如：我想出一本書，沒有寫作的能力與經驗。

　　然而值得高興的是，你正在閱讀。

　　一般人會覺得要先努力、先有基礎，在進一步做什麼，起碼需要知道自己的水準在哪。理論上是沒錯，但結果通常是：做不到想做的事情，也無法持續下去，努力功虧一簣。

　　所以，為何多數人會有這樣的表現？

以人事物為鑑

吾人分三種人：

1. 會額外安排自己工作的人。

2. 只做別人安排的工作的人。

3. 做不好別人交代的工作的人。

如果有人告訴你，他因為某件事情三天沒有睡好，你會有什麼想法？

我當下會精神抖擻，豎起耳朵好好聽對方所說的事情。

有位好朋友是便利商店的店長，有天討論到，他因為有位客人來商店購買一項買二送二的限量商品，事隔一天那位客人竟拿剩下三個商品來退貨，一個已經吃掉了，退貨理由還控訴我們收較貴的商品價格，買二送二應該是算便宜商品的價格才對。這位客人在店裡鬧了很久，最後還打電話到連鎖客服中心，直到客服調了監視器，看了當天買賣的影片及對話。監視器中服務人員當天的解釋非常清楚，很明顯是客人理虧在先。

但最後戲劇性的事情發生了，該區負責的經理自掏腰包退錢給客人，客人要求送禮物賠他不是，經理也答應了。

我朋友身為店長，有十幾年的工作經驗，還因這件事情兩天沒睡好。我和他事後燒腦討論這整件事的狀況、客戶心態、有哪些方法可以選擇……

記得有次我在準備考環保證照的時候，在板橋市立圖書館唸書，過程不經意瞄到鄰座和我讀一樣是環保的書，於是我主動和對方打招呼。一開始只知道他在準備考國家考試，但多聊幾次之後才知道對方是我埔里高工的學長，考高普考已經考了七、八年還沒考上，目前在政府部門是約聘的雇員。他說他一方面家裡有妻兒要照顧，另一方面自己有工作要做，又要背負著考試的壓力，跟我說他快撐不住了，因為他認為自己很用功，但終究考不上高普考。

　　於是，一樣在準備考試的我，問學長都怎麼準備？怎麼寫考卷？和實際錄取成績差多少？等等一連串的小細節。

　　我雖然沒有考過高普考，但我告訴學長哪裡是可以維持、哪裡是需要調整、哪裡是需要注意的細節。結果，我跟學長在同一個圖書館唸三個月後先應考，過一陣子後也得知學長高普考、特考都成功考上。

　　別習慣別人的事與你無關，只要是周遭的人遭遇挫折或問題，一般的高手不會聽對方抱怨太多。相反的，會引導對方了解自己為何有這些舉動、情緒，告訴對方還有哪些方法可以解決。

　　或許，下次再遇到朋友跟你談論什麼問題，你可能也會比以前更積極傾聽，而此刻，開始累積自己的觀察力，學習幫別人找出解決問題的方法，同時顧及對方的感受，這是一個生長智慧的捷徑。

　　或許你聽過「石匠在岩石上一下一下的敲打，敲到第一百下的時候石頭仍然毫無裂縫，可是打到第一百零一下，岩石便

一分爲二。」這故事絕不是在說第一百零一下，槌才把岩石敲成兩半，而是這之前的一百錘都發揮了作用。如今努力和不放棄的精神固然重要，但更重要的是，或許我們並不是一次就要找到最好的辦法，而是習慣先找出一百個方法。當你開始了其中一種方法，在開創的過程中皆發揮了細微的作用，接著你想再選擇什麼方法，一切也操之於你了！

　　開創在於雙手，天下由自己掌握！

第八章
幻覺力量

幻想家圓夢，端看左右腦

陽奉陰違

你知道當我們的意識和想像衝突時，究竟誰會獲勝？

我認識一位相當有人氣的小吃店老闆，他說，比起以前，近兩三年生意差很多。我去光顧時常聽老闆抱怨：「現在的人都非常節儉，不太敢消費，生意越來越不好做了。」我發現這位老闆不斷暗示著多數客人是吝嗇的，自然而然他對待客人的態度也不友善，說不定是這個原因影響到生意，而這正與他內心的期待相反。

其實暗示和幻想就像魔杖一樣，思、言、行，造就我們的模樣。比如你大腦一想到唸書就討厭，明知道讀書很重要你還是不會主動去閱讀，或不喜歡吃甜點，因為不喜歡，所以不會主動去討論與甜點相關的話題。

你渴望過更好的日子了嗎？

你渴望身體比過去還健康嗎？

你渴望精力充沛的過每一天嗎？

你渴望比現在更有財富嗎？

我相信問題的答案當然是：渴望

衆多的心理學家在研究中發現，「人類大部分比起害怕失敗，更害怕成功。」

你是否曾有這樣的想法：向困難挑戰是不是很愚蠢？努力

到底值不值得？

多數人往往會在渴望的事情上，掙扎又掙扎，虛度很多光陰。但我肯定告訴你一件事實，如果你的自我暗示和幻覺情境不一致，價值觀將會跟著錯亂，再嚴重一點的話，還可能加速死亡。

一位心理學家維克多弗蘭克，他是猶太人大屠殺的倖存者，曾經在納粹集中營生活了三年，發現囚犯一開始會幻想自己逃出去或獲救的情境，但是在現實中又不斷暗示自己可能會被毒死或者餓死，久而久之後，生活便感到沒有意義，多數囚犯也因此加速死亡。

美國作家梭羅說過：「很多人釣了一輩子的魚，卻不知道他們追求的並不是魚。」

想像一下，如果你身邊最親的父母是醫生，你長大後成為醫生的機率也會是別人的好幾千倍，因為你從小到大的潛意識不斷被自我暗示，長大後是否也能成為像爸媽一樣的醫生，因此你可能比常人有更高的機會走上成為醫師的道路。

發生了什麼？

你是否聽說過「吸引力法則」？

說白一點，意思就是你所做的事情，是由暗示與幻覺決定的。

什麼情況我們會有預期失敗的心理準備？

比如我從小根本不愛唸書，求學階段有六年都在放牛班，身旁的人總不斷重複說我不會唸書，說我是位不聽話的小孩，

而這些人正好是周遭的長輩、同學、鄰居，經過長時間的影響，我的潛意識就會相信自己是這樣的人。

行為心理學家已經證實，一旦「刺激—記憶樣本—行為反應」的模式形成，就會自動運作。

比如，每當我下定決心要唸書，但以前的記憶與類似情景會時不時出現，提醒我無法做好，預期我要有失敗的心理準備。

當我剛準備考研究所，苦思該如何讓自己更自律與堅持，儘管當時我看了許多時間管理的書籍，我依然覺得自己的認知淺薄！

晚上我時常想千條路，早上起來依然還是走原路。

我有一位相當好的朋友，他小孩總是自發、有計畫地讀書學習，也因此拿到了全國模擬考全科滿分、全國第一名。

我有次當面問朋友：「你小孩怎麼自律的？」

我朋友說：「我只管他晚上十一點把手機交給我們大人而已。」

事後我自己檢討發現，我問錯問題了！

反觀，你問我：「為什麼我一坐下來就能寫這本書？」真的叫我具體說明原因，我說不上來，反而有一種走火入魔的感覺，我應該會想寫第二本書。

當你問學霸：「你是如何自律和堅持的？」

這有點像你問獅子，都用哪幾顆牙齒在吃蔬菜的？

有句話是這麼說的：「淺知只能淺行，深知才能深行！」

眼看許多學長姐，在準備考研究所時，多數都敗在自律與

堅持。平時我在圖書室唸書，觀察到很多學長都比我晚到，內心也不由自主擔心之後會不會因為自己不夠自律，壞了目標。

大一一開始，我努力享受著大學生活的自由逍遙，一住進學校宿舍天天打遊戲，打到天昏地暗，當時我們流行的遊戲有CS絕對武力、天堂、星海爭霸、紅色警戒等等，我全玩了個遍。

其中有位和我們經常一起在宿舍瘋狂打遊戲的學長，他大二升大三時，就搬出去宿舍，之後遇到他的時候已經在補習班。

我在準備研究所考試有個習慣，就是會拿自己遇到的問題，問不同的學長或同學，而這位曾一起瘋狂打遊戲的學長，問他的問題幾乎都難不倒他。

有次下課我問學長：「我不曾在圖書館看過你，你都在哪唸書啊？」

學長答：「自己的租屋處啊。」我再問：「學長，你在自己的租屋處看書不會分心嗎？很好奇你怎麼自律的？」

學長回答：「我靠潛意識在自律……」

我內心想：「學長是在糊弄我嗎？潛意識能自律？潛意識能自律？潛意識能自律？」

而後，我小小聲請教學長：「是將自己催眠還是洗腦？學長你是怎麼做到的？」

學長還是很肯定告訴我：「是潛意識……」

幸好有這位學長提供我關鍵點，既然已經有成功的案例在前，我也毫不猶豫勇於嘗試新挑戰，讓我的自律與堅持趨向於

自發。

　　如果你的性格是不想、不看、不做沒根據或沒道理的事情，下一段的內容可能不適合你，但能夠替你的人生多一些參考價值。

　　想先問你，

　　你相信有神嗎？

　　你相信有靈魂嗎？

　　你相信復活與升天嗎？

　　你相信命運嗎？

　　你相信我們人類的生活就跟駭客任務（Matrix）的電影情節相同嗎？

　　剛開始我也不信，但至今已有數十位科學家說：「我們生活的宇宙，它可能是電腦模擬的世界。」

虛擬宇宙

你準備好探索虛擬宇宙了嗎？

Let's go.

有句話是這麼說的：「有些不可思議的事情，只是我們無法想像而已。」你能想像我們人體是由無數個非常小，比你想像中的小粒子所組成的嗎？

就好比你拿著超級放大鏡看人體，其實是由不連續粒子所構成的，雖說粒子中間有許多地方是空的，但粒子與粒子之間依然能夠依靠相互作用力來合成生態之樣貌。

我再告訴你，全地球的物體都跟人一樣，是由無數的粒子所組成的，比如手機螢幕，雖然看起來是連續的，但呈現出來的畫面其實是像素點所組成的。

那麼你有聽過摩比斯環嗎？

就是把一個長條的紙，其中一端扭轉180度再與另一端黏起來，這樣就形成一個摩比斯環。假設我們用磁浮的概念，將摩比斯環浮在空中，再把一隻螞蟻放到摩比斯環上，螞蟻怎麼走還是永遠在環裡面無限循環。

螞蟻對摩比斯環的認知是不是無限空間？牠甚至分不清楚自己在環裡面還是外面。抽高到人類的視角來看，它只是一張紙，但當我們創造了一個可以讓螞蟻感覺到永遠走不出去的無限空間，對這隻螞蟻而言，人類便成了主。

假如我們將一隻剛出生的金魚養在一個永遠不關燈光的環境中，其魚缸內外所有裝飾品包含玻璃都用紅色的，給這隻金魚充分的氧氣和乾淨的水。

經過一年的時間，你認爲這隻金魚眼中的世界是否與其他正常金魚一樣？顯然這隻金魚的認知被我們形塑，我們又成爲了主。

那麼人類其實會不會也是被訓練出來的類機器人？

如果你覺得剛剛都是鬼扯，但至少你還無法否定現在AI人工智能透過不斷地學習、訓練（數據堆疊），表現出更有人性化的表現。比如汽車的視覺已經可以代替你開車了；叫汽車幫你打開音樂，汽車可以播放你想聽的音樂；你在汽車裡放臭屁，它嗅到還會幫你加速空氣過濾；汽車能感覺到內外溫差，自動幫你調整適當的溫度。所以，汽車人工智能只差沒有情緒與知覺而已。

一個從沒接觸過紅茶的孩子，對於紅茶的名字、香氣、味道是全然無知的。你試著讓他聞聞香氣、嚐嚐味道，多試個幾次，直到這孩子累積足夠的經驗和感知後，他也能夠快速辨別，而如果你給的訓練及品項夠多，說不定他甚至可以辨別出紅茶的品種、香味呢！

從這裡來看，人類與AI機器人皆透過大量的經驗累積或數據堆疊來學習和訓練，這種形塑方式其實大同小異。

知名的心理學家伊莉莎白・羅夫杜斯：「你只要有方法就可以輕易的扭曲、誤導或改變一個人的記憶。」如同我們一出生就開始被形塑的記憶，透過不斷學習、訓練、社會化，演變

到就像無意識的機器人一樣，開車、騎腳踏車、走路、刷牙等等。

凡事都有一體兩面，看到影子就知道另一邊就是陽光，然而，有多少人能應用這個眉角？

還記得第二章提到，我們都是被雕琢出來的人，被雕琢的方式千萬條，唯一不同在於我們要有智慧地選擇被雕琢的方式。

從前，有一群袋鼠組織了一場登高山的比賽，登高路上歷經懸崖峭壁和惡劣氣候，絕大多數的袋鼠先後退出了比賽，僅有一隻小袋鼠在最終到達了山頂，於是大家跑去向他請教登頂祕訣，卻發現這隻小袋鼠原來是個聾子，關於一路上多數人說不可能爬上去的險路，前方有障礙或危險的議論，他一句都沒聽到，因此心無罣礙的成功登頂。

根據報導，諾基亞（Nokia）曾是歐洲市值最高的公司，全盛時期平均兩個人就有一個人拿諾基亞手機，二○○四年時，手機還非常陽春，僅能打電話、傳簡訊和打打小遊戲，但是諾基亞有一群小工程師興奮的告訴諾基亞領導團隊，他們創造了一種新型電話可以連接網路、彩色觸控螢幕，還能將高解析相機搭配在手機上，但當時諾基亞最火紅的領導團隊沒有採納這一群小工程師的創新計劃。三年後諾基亞工程師的點子已經在賈伯斯的iPhone上發表，五年後諾基亞在手機世界裡甚至失去了龍頭霸主的地位，變成無關緊要的一間公司。

你有沒有發現，第一個故事是聽不到周遭人的話而登頂，第二個故事卻是沒聽工程師的意見而失去江山。假如你現在對

於目標還猶豫不決，思考是否需要參考建議，建議你將前三章多閱讀一次。

　　此刻如果你有遠大的目標，那我替你感到開心，接著你只需要喚起你的慾望，讓自己成為自己的主，小至摩比斯環裡的小螞蟻，大至現在的你。

理性目標

　　我活到現在，和許多人一樣喜歡偷懶、賴床、磨磨蹭蹭過日子，就因為無意識的強大慣性主宰著我，雖常常聽很多道理，卻依舊如此。我了解自己無法剷除這些慣性，但也沒有特別起心動念想改變。

　　不過，你可以設立每個階段要做的事情，那就是將自己渴望的目標說出來。我常常設定自己能力所不及的目標，比如我將目標設定為要完成這本書，但在此之前，我會先告訴我認識的人，我正在寫作，即將要出書，而且我願意花幾十年的時間，才完成你手上拿的這本書。

　　還記得前幾章和你分享過：「寫個目標需要花的墨水差不了多少，那麼你怎麼不寫特大的目標呢？」

　　這概念來自於孫子兵法：「求其上，得其中；求其中，得其下；求其下，必敗！」如果設定較高的目標，最後可以達到中等水平，而如果設定較中等的目標，最後可能只能達到低水平的結果。

　　全世界教人家設定目標的書籍或專家多如毛牛，而我怎麼做的？

　　記得小時候老師教過我們，應該要把目標寫下來，嚴謹制訂自己的計劃，還需要讓每件事情都計畫的滴水不漏，為自己的計畫而努力。我每次都是信心滿滿，以為這樣就可以達成目

標，但是實際上事情我從沒有完全按目標計畫施行過，事情總是虎頭蛇尾。

關於這一點，為了避免自己老毛病再犯，我決定繳完考研究所補習費之後，就去圖書館找尋有關如何設定目標的書。於是我參考SMART目標，其中SMART是字首縮寫：S明確具體的（Specific）、M可衡量的（Measurable）、A可達成的（Achievable）、R實際可行的（Realistic）、T有時間限制的（Time-bound）。

目標是什麼？給自己的期限？具體步驟是什麼？我怎麼樣才算達成目標？有可能辦到嗎？這件事符合現實生活嗎？時間進度怎麼制訂？

根據當時自己大致的規劃是，目標考上台清交成，雖然只有一年半的準備時間，但只要每天完成設定的進度，就有可能達陣。一開始跟著補習班老師進度，實施每兩個星期進度檢視或調整，我也把這份計劃給同學看，一起找到最佳學習方式。

目標設定之後，差不多花兩個星期檢視完成度，卻發現始終跟不上進度，自己也很納悶為何按照SMART目標計畫去執行，到頭來依然無法掌握計畫進度。後來我發現，這源自於我們大腦天生害怕無聊，意思就是大腦討厭面對硬梆梆的理性思維，這種方式無法開啟大腦系統的可塑性。

假如剛開始我們距離這目標遙不可及，使用SMART原則，便很容易半途就懈怠、偷懶、逃避、放棄……。

目標設定的SMART原則，這方法不是不可行，但還缺乏三個關鍵因素。

第一個關鍵：一般人不會評估當下自己已知的知識量（工作量）和未來自己需要的知識量。（我曾經就是因爲不會也不懂的評估而吃了苦頭，這我會在下一章節告訴你）

第二個關鍵：SMART方法沒有使用到人類右腦的力量，就是所謂感性的力量。

第三個關鍵：心口不一。

我從小就不是理性的人，不然不會父母、老師跟我說，不要整天打電動，唸書很重要，我卻一句話都沒聽進去。小時候，每當暑假的尾端，起床後我便會告訴自己「今天要寫暑假作業，吃完早餐先不要打電動了」，結果最後還是一樣作業都沒完成。

針對以上兩種心理特性：你不讓我做，我偏要做；我不想這麼做，但我做了。

你是否也有過類似的經驗？

就因爲感覺到自己被操控，心裡便會有反彈的想法，有時甚至控制不了自己做出叛逆的行爲，而這問題，大多數出自於感受。

這裡提供兩個技巧：

一、爲了目標，設計一套短激勵的情境。

二、學會利用潛意識來操控自己的意識。

弄假成眞

　　王陽明說過：「破山中賊易，破心中賊難！」

　　我從小就羨慕會學習和口才好的人，像我從小就認爲自己很失敗。記得小學五年級第一次到棒球場，是鄰居叔叔帶我看職業棒球比賽，他告訴我那是右外野，這邊是左外野，我當時才分清楚左右。

　　國中一年級光是二十六個英文字母我就背不好，國中背英文單字不會發音，我都要用注音符號，到了高職，英文課本依舊出現一堆注音符號，到了大學英文課，甚至需要同學支援，才不會被當掉。

　　學習是連貫的，國小國字沒學好，光閱讀都有問題，更別說學習其他科目了；十六歲時，音樂老師說這學期每個人要唱三首歌作爲學習成績，我連一首歌都無法唱完；二十歲時叫我拿起電話打給長輩我都害怕。我感覺永遠摸不準自己的底線，也覺得自己只能這樣而已。

　　什麼情況眞的讓我不再羨慕學霸，也讓我敢面對群衆演說？

　　就是當我懂得「假裝」自己已經做到的方法。

　　先請教你一個問題：「如果你想了解動物的習性與感知，會怎麼做？」我想，我們頂多只是到動物園看看，或者從電視、網路、書籍蒐集動物的資訊。

有一位律師查爾斯‧福斯特，從小對動物特別有興趣，一直想了解動物的習性，對他來說這些現有的動物知識都只是人類的觀點。在他的著作《變身野獸：不當人類的生存練習》這本書裡，你可以看到超越人類假裝感官的極限。

　　他為了瞭解動物眼中的世界，吃到或聞到的是什麼感覺，於是他假裝自己不是人類，化身成動物，假扮成狐狸、赤鹿、水獺等……。他假裝自己是半獸人，真的生吃蚯蚓和蟲子、住洞穴、睡糞便，甚至用他的瘋狂去嘗試、用野性去融入、五感全開的方式去達成自己的目標。

　　查爾斯‧福斯特：「要了解狐狸？不如先假裝扮演成狐狸。」

　　相對於要了解目標，我們的簡單多了。比如問自己：「當一位會學習的人是什麼感覺？」、「當台大的學生是什麼感覺？」、「我已經是一位很會學習的人了，那我要怎麼開始？」

　　你需要有兩個核心價值，什麼能帶給人期待？是希望；那什麼能讓人知道自己做得到？那就是信心。

　　擁有企業家跟作家雙重身分的李開復曾經說，他到美國上學，英文不行、化學不行、地理和歷史很爛，只有數學好像比別人行。因此他培養一種錯誤的自信心，認為自己數學真的很棒，然而，他最後竟把這變成了公認的事實。

　　自信的力量不容小覷，甚至連錯誤的自信也是如此強大。這個世界上，連自己都不相信自己，誰還有義務相信你，而你還值得被誰相信。

大腦就是這麼神奇，當你長時間被內在與外在灌輸成「這東西我可能不行、我腦袋笨得很、我覺得做不到」，自然而然各種負面的信念就會幫你解脫，你就不會去嘗試。

　　大腦其實分不清楚想像的經驗和實際的經驗。

改變一個人祕訣

　　幻覺修練就是讓我作弊考上台大研究所的一大祕密，講白話一點我就是把自己泡在五感幻覺中。

　　這對我來說有多重要？

　　我想，信念能夠決定一切，而五感幻覺就跟呼吸一樣重要，在我心目中占有舉足輕重的地位，要達成目標，你需要先搞定大腦。

　　誰決定你自己是誰？是意識。

　　它是人類的大腦對客觀物質世界的一種感知反應和描述。

　　那麼我們的意識是如何產生的？

　　藉由複雜的大腦器官所產生。在產生意識之前會先有記憶樣本，人體外界感受到的一切皆會傳送回大腦，讓大腦調動記憶樣本產生的知覺，轉化成我們的意識（行為）。

　　而心理學家將「刺激—記憶樣本—行為反應」的現象，學名稱作為促發效應。比如你小時候被黑狗咬過，長大似乎忘記被咬的疼痛，但如今你面前如果再出現一隻黑狗，你大腦會下意識地告訴你這隻黑狗有危險性。

　　除非你使用方法改變內存的記憶，比如你養一隻黑狗，經過一段時間後，成功降低了對黑狗的警戒心，原本被黑狗咬的經驗記憶已被你疼愛黑狗的知覺覆蓋了過去，才可能完全消除對黑狗的戒心。

而你想知道外面世界，只能通過身體的五感，告訴你世界是如何的。

　　只是就像電腦有Bug一樣，人類一樣有很多Bug……

　　明明知道電影是演出來的，還是很多人被電影引起共鳴，有人抽鼻子、掉眼淚、有人默默擦去眼淚、也有人忍不住的嚎啕大哭，哭到頭暈，甚至有人只要回想到電影情節就會哭。

　　我們會出現錯覺就是因為太真實了！

　　你能對螞蟻造一個永遠走不完的摩比斯環、為你的黃金鼠創造一個跑輪，那你更應該讓潛意識為自己創造一個能以假亂真的幻覺，如同你在電影院戴上3D頭鏡，感受其聲光效果，彷彿置身其中。這也稱作「顯化」，在幻覺過程中，可以精細到能感受自己脈搏、心跳聲、看到你未來的情景，讓自己一想到瞬間，雙眼便閃閃發亮。如果你經常幻想自我設定目標的未來場景，並定期、持續地重複想像，事件將一一成真。

　　記得，幻覺並不模仿現實，它創造現實。

五感的遊戲規則

你有沒有常常幻想？

我在寫這本書時，都在幻想你能夠從閱讀當中帶走什麼、發現什麼？真正的高手，就是利用幻想改寫自己的記憶樣本，超越自己的理性，進而影響自己的價值觀。什麼幻想掌控你的大腦及思考，而你試圖掌控的又是什麼？你知道我們還得這樣再過十年、三十年、五十年、七十年，對吧？

你也可以利用這個方向，再多閱讀一次本書，當你閱讀這本書三次以上，這些眉角將會神不知鬼不覺的，放在你的記憶樣本中。

雖然前面我提到「電腦有Bug，人類也有很多Bug」。但嚴格說起來，真相不是我們人類大腦有Bug，而是那些大腦的本能，再說得白話一些，人類的五感非常容易受騙。

想像一下，我把你眼睛先蓋起來，開了幾個小時的車，把你帶到一個房間，將你的眼蓋掀開後，再把房間的窗簾拉開，讓你走近一點看外面美麗的湖景，望出去湖面生輝，還映著藍的天、白的雲、綠的樹、紅的花，我再告訴你眼前是日月潭，這個時候你會認可我說的話，但其實不全然是如此。當我將你眼蓋打開的霎那間，你的大腦已經在調動你看過的或者類似的記憶，進而判斷眼前這座湖，如果此時我再加以認定你的內存記憶，這就是日月潭，最後你的知覺就會確定自己的判斷無

誤。

　事實上，我只是在市區帶你繞幾圈，在把你帶到裝有8K超高畫質有電視牆的房間，投放遊戲開發出來的虛擬湖泊而已。

　這是錯覺嗎？

　不，我們感知到的東西，都是大腦對外界的一種幻覺。科學家發現，人類對於這個世界所看到的東西，並不是從外到內，而是由內到外，簡單來說，是你的大腦決定眼前事物爲何，由內而外地分析物質本身，而不是這些東西的本質爲何。

　你是否曾經處於眞實和幻覺之間？

　相信你一定有過。

　比如作夢，許多人夢裡有誇張的噩夢劇情，卽使不符合常理的發展，但醒來後的感知還是非常眞實。

　下次你做噩夢驚醒，試著摸著你的胸口，你會感覺心跳如同剛跑步完一樣快速跳著，而房間開著冷氣醒來卻滿頭大汗，做夢的感覺和眞的一樣。

　旣然感知是由內到外，那我們可不可以更大膽的假設，只要能完美達到模擬出以上的所有條件，是否也可以創造出一個虛擬的世界來欺騙自己？當然可以，模擬器的記憶體就是潛意識本身。

　你知道使用潛意識還分等級嗎？

　初級方式跟著市售書中走，使用的人不思考也不變化，完全以爲這樣做就可以心想事成，大部分的人使用一段時間無效後，才開始懷疑方法到底有沒有用？吸引力法則有用，但大

部分的人仍不懂得使用，如果大家都能將潛意識控制的瞭若指掌，台大殿堂應該會被我們全台灣學子擠爆才是！

中級方式跟著潛意識書中走，會意識到自己需要做點什麼，但對潛意識的運用還無法通透，而高級方式就是尋找適合自己的方法，並配合神經腦科學影響潛意識，透過意識控制潛意識的發展。你需要知道，在潛意識裡自己就是老大，想做什麼就做什麼。

在潛意識裡我們可以跑、可以飛，甚至可以慢動作，模擬我們的五感（視覺、聽覺、嗅覺、味覺、感覺）。

我們是否有能力？

我們是否夠自律？

我們是否有信心？

能力是應對、自律是行為、信心是反應，而這一切的本質皆由內向外，排序的順位是反應、行為，再來才是應對。

關鍵核心是記憶樣本，有記憶樣本才會有反應，接著我將告訴你我怎麼利用幻覺注入新的能量給自己。

靈魂之窗

　　我們從小學開始大量學習至大學或研究所畢業，認真的回想，這還真稱得上是一件人生中的苦差事。我從小就佩服很自律的同學，原因是需要起的早、上課無時無刻要專注學習，有些人還會熬夜唸書，就這樣堅持到畢業。

　　人生不就是要有堅持的信念與自律的生活嗎？

　　這道理明明七歲小孩都知道，但有些人到七十歲卻依然做不到。

　　心理學家康納曼，告訴我們大腦有兩個系統，一個系統反應比較快，常常跟我們的直覺、感覺有關，這個系統較易衝動，而我們的老祖先們，幾乎用這個系統在過生活，只要看到或聽到任何風吹草動，能逃就逃。

　　另一個系統與人類文明較有關，可以幫助我們理性的思考與行動，但相對需要更多的時間與能量，藉此判斷出來的決定準確率也較高。

　　當我們每次都理性地告訴自己要認真唸書、努力工作，系統二長期下來會讓我們感覺特別疲累，理性腦甚至不想工作了。每當理性離開一下下，衝動與誘惑便會趁虛而入，使我們偏離目標。

　　首先，我們不得不面對自律或堅持是一件痛苦的事情，但你能夠觀察一下，為何還有許多人能堅持與自律？

祕密就在於，這些人是由內到外的自律與堅持，行為心理學家認為要激發一個人的渴望，可以把自己幻覺的鏡頭特寫在一些看似不重要的細節上。

你是否聽過跳蚤效應，跳蚤能跳比自身高度二百至四百倍，高度約幾十公分。生物學家做過一個實驗，拿一個高度只有十公分的杯子將跳蚤蓋上，剛開始跳蚤跳起來會撞到杯子，但經過了一段時間拿掉杯子，發現跳蚤跳起來的高度低於蓋子的高度，而且不再改變。

話說，生物學家拿一個比十公分還高的杯子，杯口向上，把原本只能跳十公分的跳蚤放進去，跳蚤跳老半天都跳不出去，結果生物學家試著用火加熱杯底，跳蚤想都沒想就跳出去了。

那天底下是否有想都不用想就能自律的方法？

答案是有的。

我們要為自己設計一把火，而我目前找到最有效的方法就是：激發慾望。目標對你而言不能不痛不癢，你要知道目標的本質，「不是所渴望的，就是所恐懼的。」

有部電影對白說得很有道理：「多數人的目的跑不出這三個因素：錢、情、仇。」

讓自己跳的更高的這把火，就是設計一個好腳本給自己。

以下我所使用的步驟，僅供你參考，因我不希望這些步驟受限了你的開創。當然，若你有更好的設計方法也別忘記寫信告訴我，大家一起分享、討論。

建立視覺輸入系統，有三個步驟：

第一步驟：為改變自己的行為做準備，先找出你要完成的所有目標，並建議選擇一個核心目標即可。

第二步驟：找出有可能刺激自己大腦的圖像或影片，比如當時我就準備目標的學校照片、校刊、補教宣傳單、個人照⋯⋯。

第三步驟：手上的素材照片先挑三至五張，最好是能引起你共鳴或積極的照片，將它們編成一個第一人稱的故事腳本。

這個腳本開創的目的就是要點燃自己的慾望，當時我製作的第一張是將個人照與台大大門黏貼合成。第二張照片是用WORD製作的放榜成績單，每科六十分。第三張照片是補習班上榜名單，其中台大改成自己的姓名和科系。第四張是一張財富的照片。

當你完成以上圖片（視覺暗示）可以說已完成一半的工程，最好配合上語言暗示，效果絕對不只是一加一等於二，心理學家都證實，能夠五感一起同步、達成和諧及一致性，最終呈現效果極為驚人，猶如剛剛帶你去看虛擬湖泊一樣真實。

而且，我當時有配合對白錄音，因為時代背景不一樣，那時候最先進的是錄音筆，在此大致跟你分享我錄製的內容大意。當時的腳本是從我看到第一張的圖片開始告訴自己：「我已經是一位台大研究生，看到台大大門就想起過去每天在圖書室奮鬥，放棄個人的休閒娛樂就是為了今天的台大，我拿到成績單才發現每天唸書至少十二小時近乎自虐的辛苦沒有白費，補習班榜單也幫我狂賀上榜，讓我揚眉吐氣，感謝父母親的支持與鼓勵、補習班的老師教導、一起苦讀的同學們。我台大畢

業後有公司要給我一百五十萬的年薪，我努力在工作上讓自己有致富的機會，畢業後三年年薪將會是三百萬，給家人優質的生活品質，讓我早日能做自己喜歡的事，把它做到最好。」

這腳本成為了我當時的啟動鍵，隨時拿出照片開啟我最佳狀態，這種感覺好極了。

建議你至少要設計兩個影響潛意識的腳本：慾望與專注。

腳本做好後的第一步，先確認腳本帶給你的真正感受，必須帶給你積極的情緒功效，而情緒是能夠振奮人心，帶給你信心、能量、脫離消極的正面語句。

當我製作腳本時，進行了反覆的修正，在一次次確認腳本裡的信念是否能像點穴一樣讓我心口如一，你可以至少先嘗試做個七次，再來檢討或者找方法。簡單來說，腳本有點像自己的電影預告，你可以剪輯的很溫馨、刺激、搞笑、幸福、振奮人心……，只要能帶給你強烈的行動動機，就是個好腳本。

提醒你，信念足以影響一個人的命運，好的信念不會從天而降，消極的人看不到機會，積極的人機會無窮。如果你需要振作時，就將焦點轉到能振奮你的記憶腳本，好比我們在看電視一樣，切換到正確的頻道。

記得，你永遠有權利選擇你想要的記憶樣本，比如選擇你曾經成功過的心境，重溫你愉快、幸福、成功、振奮的每一個細節。

語言的現象

有句話是這麼說的：「你的生活品質取決於你的思考品質。」

如果你一直在想著「我不想失敗、我不能跌倒，結果會如何？」

我三十歲那年去駕訓班報名考大貨車駕照，其中有一位同學他很早就會開大貨車了，教練從頭到尾只帶他開一次訓練場，這位同學不管是倒車入庫和S型進出都毫無失誤。

等到正式考駕的時候，輪到他路考，大貨車剛起步就當場爆胎，經過十幾分鐘教練們排除爆胎後，這位同學開著開著居然壓到他從來沒有壓過的線，因此他那次路考沒過。

事後我們同學才知道，爆胎後他急於求表現，內心雖一直告訴自己「我不會壓到線、我不要壓到線」，然而大腦卻不斷想著失敗的字眼。

你是否遇過晚上睡覺時，越提醒自己不要這麼清醒，就越清醒；上台演講越告訴自己不要緊張，反而更緊張。

我們簡單測試一下，現在請你不要想白色的熊長什麼樣子？

接著你環繞四周看看，但是你千萬不要注意紅色的東西。雖說我的目的是要讓你不要去想白色的熊、不要注意紅色的東西，但你是否會不由自主的去關切呢？

簡單來說，這是心理學上的心理暗示，也是一種操控術，你還是控制不住自己的大腦。當你說出一句話裡面的字眼或者能夠在對方大腦形成的圖像語言，這些情況都會讓大腦自動搜索。

比如你叫一位小孩不要跑，通常小孩只聽到關鍵字「跑」；你叫兩個人不要在吵架了，通常越吵越兇。

記住，越是想壓制某個想法，想法就越容易形成反彈。

如果你身邊有一位朋友常常跟你抱怨「今天好倒楣喔！老闆對同事發脾氣，然後牽扯到我們其他同事一起被老闆唸，現在工作多到壓力很大，每天為趕不完的工作而沮喪。」

研究發現，你常用什麼語言，就會有怎樣的人生，因為語言就是我們內心發出來的訊息。如同上面發出：倒楣、發脾氣、壓力、沮喪等負面詞彙，時間一久，這類語言便很容易變成自己的行為與情緒，所以，要遠離消極情緒，就要換成對的語言。

記得，正確的語言怎麼說不重要，告訴自己的話裡面一定要包含你想讓自己想像的心境。上述提到了大腦會自動調動記憶，所以如果我們經常賦予給自己正向的詞彙與意念。

如這些金句與字眼：

1. 你是一個正面、積極、樂觀、健康、聰明、有智慧的人。
2. 馬上行動就對了。
3. 你必須全心全力活在當下。

4. 今天的你也需要爲你的奇蹟故事做準備。

5. 你的好運現在源源不絕的流到你身上。

6. 那些屬於你的數不盡好事，現在正以數不盡的方式來到你身邊。

7. 人人都是你的貴人。

如果你花一餐的錢買了這本書，即便只學會了現在這個眉角，那也絕對值回票價。我敢說，這是一個會讓你感到驚喜、驚訝的絕佳妙招。

在金句設計好之後，請你最愛的人或者最愛你的人，幫你唸出以上的金句，越肯定的語氣效果越好。當時我準備考研究所，就請我媽唸出以上內容（上述內容所有開頭添加自己的名字），我將它錄下來，每天早中晚我至少聽三次。理由很簡單，有人每天鼓勵我與激勵我，加上她又是我最愛的媽媽，每天在我耳邊不斷聽她給我的正面語言，我的大腦持續被激勵（激活），便自動關注內心所想的那些目標。

世界就是這麼奇妙，每個人都選擇讓自己擁有最佳獲利的行為，這源自於我們的思維。

即便我們使用SMART目標設定（理性目標），許多時候仍缺乏付諸行動的動力，最大關鍵就是：自己內心感到與目標並不匹配。

我也大約花了半個月的時間，才讓自己感到匹配第一志願。所以當你真的覺得信心低落，請務必使用本書的眉角。

另一個來自語言的影響就在於，你能不能「問對問題」！

因爲人類能自我認知到自己的極限，所以啟發自我認知的眉角就是利用問句，只要「問對問題」便能操控自我的思想與行動。

「爲什麼我要考上台清交成？」

「爲什麼我會考上台清交成？」

「我怎麼做才能考上台清交成？」

目標具體化是不可或缺的，但還需要附上理由，因爲我們的認知都來自於理由。舉個例子，比如問題爲：我當時爲什麼要考上台清交成？

我把理由寫下來「因爲有一群人提醒我考不上台清交成（在做白日夢），還有背後默默支持我的家人，我現在唯一能做的事情就是考上台清交成證明給他們看（內心有強烈的理由：不想被笑話、對家人的承諾），而且考上第一志願就能賺到錢，也有很多資源與人脈……」

如何讓自己擁有強而有力的理由？教你一個很簡單的方法，那就是一直問下去，原因是夢想會因爲細節越多越貼近現實，我當時就是這麼做的……

「爲什麼我會考上台大清大交大成大？」因爲我要把工程數學學好。

「爲什麼我能學好工程數學？」因爲我每天要求自己學好五題工程數學，加上做出一流的筆記，並且每天需要輸出之前所學的知識。

依此類推……

「怎麼樣才叫學好五題工程數學？」

「怎麼才能做出一流的筆記？」

「用什麼方法提取所學知識？」

寫下的理由需要定期拿出來看或者問自己，提醒自己邁向目標的理由，而我也會分享給家人、同學和朋友，這樣一來他們也會提醒我。

不相信、不知道是人的阻礙；當你相信且知道，那就是推力。

腦科學的觀想術

　　有句話是這麼說的：「當你生動的想像自己成什麼樣子，你就可能變成什麼樣子。」

　　你有沒有發現，練肌肉就是對抗阻力的一種，例如跑步、舉啞鈴、伏地挺身……，給肌肉不斷的刺激，讓肌肉達到訓練。因此你要知道，進步的方法可以是給事情施加阻力。

　　到目前為止，是否有一種只要在心中想想，就可以立馬對抗阻力的方法？

　　我目前還沒找到。

　　可你是否還記得我前面曾經提到：「要開啟一個人的理智腦難不難？」比如你告訴自己每天要運動、讀書、學習等等，甚至挑戰更遠大的目標。如果你不對自己狠一點，非人性一點，能自律與堅持下來的人，有多少？

　　如果你連邁出第一步都無法做到，我真的沒有眉角教給你，但你如果只是跟我一樣虎頭蛇尾，我倒還是可以告訴你一步一步走來的方法。

　　準備研究所考試期間，我唸書前總要做好久的心理準備，讀到一半又會出現要不要繼續？這種懷疑自己的想法。原因是因我準備考試的過程中有太多挑戰與困難，這就是學習的阻力。然而，當時我對抗阻力的動力來源之一，就是使用引導意象法。

如今，世界頂尖運動員都會使用引導意象法。根據科學實證，這方法能提升選手在場上的表現。若籃球選手都把籃球框想像的比實際大小還大很多，便能提高他們的進球機率。實驗結果也顯示，若職業高爾夫球手將球想像成可以放進十顆球的大小，他們的進球率也會隨之提升。而在棒球運動裡，當打擊者運用意象法，訓練自己把棒球想像成和壘球一樣大，打擊率也會提高許多。

　　不可否認，為什麼有些人會刻意練習意象法，因為我們每個人都有構思能力，能夠跨越時間與空間的限制，進而影響到我們的感官認知與行為能力。

　　當時，我所運用的引導的意象為：想像自己正在讀書、練習作題目、身體坐姿、呼吸速度的畫面。要想像得非常詳細，例如：坐下書桌後的讀書過程，眼睛看著書、手拿著筆、回憶剛剛唸了哪些內容、翻書的動作、做筆記的表情、呼吸的感覺、聽到電風扇的聲音，這過程想像的越接近真實狀況越好。

　　我每天利用休息時間，花大約十分鐘做引導意象，嘗試兩個星期就感到效果十足。而我的心理素質、專注度與讀書效率也隨之提高，對自己也更加有信心。

　　到這裡你是不是覺得，意象法這麼神奇喔？！是的，就是這麼神奇，其實只是利用腦袋構思來達成效果。

　　然而，許多人對引導意象法的誤解，這個方法之所以有效，是因為建立在有按部就班唸書的前提下，如果都不行動，光用想是不可能達成的。

　　引導意象與前面的視覺輸入不一樣，不是幻想自己一天可

以讀一百題、不是幻想自己很強大。如果你沒有先有一天唸過一百題的經驗，便不可能想像出那樣的感覺。

正因為你一開始下了功夫，才能用運引導意象，通過大腦描繪出更多的細節。引導意象要有效，必須連結自己的五感。當我知道這個眉角時，我便持續不間斷回放自己投入學習的喜悅、遇到難題弄懂的興奮、學習樂趣的場景等，它的確有效幫助我找回良好的讀書狀態。

一個重要的技巧，觀想是設定在你最佳狀態的場景，當眼睛看到栩栩如生的影像，在心中觀想整個細節，有助於調節自我情緒。重複的進行，幫助你提高對意象的控制力，並讓自己更專注於目標相關的訊息。

引導意象法是一種比較容易學習的「能量補充法」，在低潮或心煩意亂時，能夠喚起你最佳的心理和生理狀態，也有促發你自動自發的效果。

為什麼要經常練習引導意象？

引導意象最大的特性為，在知覺呈現的記憶是感性形象。

它代表你過去感覺上、知覺上的經驗，在腦海重現或回憶是為了連結你的五感，當你練習次數越多，喚起感知的速度便越迅速。比如因為許多人有姿勢不良，或是肩頸痠痛的問題，治療師在教導病患時，經常藉由意象引導來改善姿勢，讓他們想像給自己從正面吹起三把風，支撐起自己的頸椎，以避免自己駝背。

你發現了什麼？

引導意象帶著某種意蘊與情調的感知，可以解釋成「主

觀的意」和「客觀的象」的結合，是主觀思維與客觀形象的融合。再白話一點，引導意象可以添加有趣生動的畫面，例如吹起三把風，可以換成某某明星在你面前吹風，讓自己頸椎自然挺直。

最原始的力量

有句話是這麼說：「每天唱歌、跳舞的人心情不會太差！」

每當你心煩氣躁、恐懼害怕、無精打采、悲傷、不安，你有時不需要任何心理技巧，你只需稍微改變你的肢體，就能改變內在情緒，降低自己的消極情緒。

當我唸書心煩意亂時，我會離開書桌抬頭挺胸在圖書館走路，走個幾分鐘，如果調整好自己，在坐回自己的書桌，讓身體保持端正、腰桿挺直。

用肢體改變情緒有很多的古法，比如練習微笑就咬著筆，試著微笑一分鐘；你還可以想像自己變身為偶像明星或頂尖的運動員，他們都會仰頭、高舉雙手以及雙腳比肩膀略寬（簡單維持一兩分鐘）；也可以仰頭四十五度向上看，好像抬頭看著比你高的人，這能輕易改變心情的方式，有點像費玉清唱歌的姿勢。

人類的肢體是一個自發的協助，身體只要「垂、縮、低」都代表消極情緒，相反的「昂、開、高」表示內心愉悅、有自信、正向等情緒。

此時看著這本書的你，何不試著伸直腰桿、綻放笑容、來個深呼吸？

想要影響自己或別人，天底下只有兩個方法：操控與激

勵。

　　「自我操控將決定你能走多遠，自我激勵將決定你能走多久！」

　　用意識引導潛意識的祕訣是：一看、二念、三觀想、四動起來。

　　問你：「對於你認為已輸定的仗，你是否還願意在腦海中多打幾次？」

　　如果你願意，我相信你必然能做到！

第九章
考上台大的祕密

超低錄取率，難上再加難

沒毛的人

曾經有個富人說過：「有錢跟智商沒什麼太大的關係，再蠢的人都能致富。」

那你認為考試升學是否與智商有關聯？

我的答案是肯定的。

如果像我記憶力不好、基礎也不好、智商又不夠的人怎麼辦？

推薦你一個具體且聰明的做法，那就是把這本書多看幾次就可以了。會不會我這麼一說，就有人把我這本書掃購一空？因為多買一本就少一個對手的競爭，還能自己獨享書中作弊的眉角，或是你會將這訣竅分享給親朋好友知道？

不知道你有沒有注意過，歐美國家的男性奧運游泳運動員，基於人種特色，原本應該毛髮茂盛的他們，正式比賽時，卻發現每人都像極了水煮蛋，身上幾乎看不到一根毛髮。

為什麼？因為剃體毛是為了減少阻力，可以讓自己成績進步幾毫秒。

泳界有句名言：「剃毛不一定是冠軍，但冠軍都必須剃毛。」

你可還記得，面試前我為何要將面試官的個人資料全部記起來？甚至到考試的前夕，我還在決定選哪一種原子筆來寫考卷。

我曾在報章雜誌上看過，南加州大學（UCLA）傳奇教練約翰伍登的帶兵哲學，他在南加州大學十二年執教期間，總共拿到十次總冠軍，其中還七年還蟬聯奪冠。

　　伍登教練眾多的打球哲學中，其中有個令我印象最深刻的：要贏球，先學會穿襪子。伍登教練經常示範如何穿襪子與繫鞋帶，並且告訴球員：「鞋帶和襪子穿不好，可能就無法贏球。因為你若沒繫好鞋帶、沒穿好襪子，腳就會磨出水泡，進而影響整體的表現，最終讓球隊輸球。」

　　就如同剃毛這件小事與游泳比賽間的關係，除了平時的努力之外，小細節一樣相當重要。

　　如果你也和我一樣是個記憶力不好、基礎也不好、智商又不夠的人，那這個眉角你一定要學起來，因為這些小細節，能幫助你在許多目標上加分。

出發前先探路

　　你是否有遇過有些同學平時不怎麼認真，在考試前也沒有很努力地準備，更誇張的是完全感覺不到他們要考試的氣氛，還在嬉戲玩樂。看到他們這樣的行為，反而讓你自己先緊張了起來。更令人詫異的是，考試結果他們總是名列前茅！

　　這類人通常有三種可能：

　　一、天才型的學霸

　　二、善於考試作弊

　　三、考前猜題高手

　　滿遺憾地，我無法讓你變成天才，也無法教你變成作弊好手，只能分享一條作弊式的學習捷徑給你，那就是幫助你預先猜測考試內容，也就是說事先問自己會考什麼？也許有些人內心反應為：「嗯，我怎麼知道會考什麼？」

　　「如果我知道會考什麼，我早就是學霸了！」

　　我想也是，多數人學不好的原因通常在於，學習過程沒有習慣去思考考試會考什麼？反正考前再來準備就好。不過就算有些人會考前猜題，即便這次猜得很準，下次也不見得能如願以償，反而常常在每次考前產生心裡不踏實的感覺。

　　如果你想要提高達成率，必須提前做一件事。比如說，今年設定要學習記憶法，事先便可花點時間，想想要學到什麼程

度，並且動筆寫下來，這個舉動能事先告知自己的大腦，將資訊吸附於自己的思維層面上。

猶記得幾十年前我參加一堂記憶法的免費講座，老師在課堂上表演了記憶術，就好像在表演魔術一樣，讓我心裡產生很多疑問，他是怎麼做到的？怎麼這麼神奇？如果我學會這些技巧，豈不是很棒的一件事？

其中有個橋段的記憶法是，老師找了一個全世界最長的英文單字，並隨機找聽眾抽問他單字的第幾個字母為何？當時我被深深震撼，記憶法老師不出三秒就回答出來。腦中不斷問自己「他怎麼辦到的？」於是我立馬報名了記憶法的課程。

回家後我花一點時間寫下來，我想在他正式課程中學到的內容：

一、學會老師在免費講座所表演的記憶技巧。

二、課堂中至少和五位同學交換名片或聯絡資料。

三、課後把所學應用在考甲級廢棄物處理技術人員的證照。

四、課後從中提升收入，有哪些方法……

你認為一位提前立下具體目標的人與一位沒有目標的兩人一起學習，哪位學到的成果會更好？

學完記憶法後，我才知道當時老師留了一手，就如同魔術師在表演的時候，先讓台下觀眾驚奇連連，過程中再告訴觀眾，你只要付學費給我，我就解密給你們知道。不過，多數觀眾被魔術師雲裡霧裡的各種手法弄得眼花撩亂，早已忘了要揭

密魔術核心的謎底，也因此每位學生並沒有學到核心的記憶法，只學到一些皮毛。

爲何當時這位記憶法老師不教我們絕招？

試想如果很多人都知道這魔術怎麼變的，他還怎麼繼續收門票？所以我事前早有心理準備，在課堂上一直注意老師是否有洩漏天機，上完課後發現完全沒有。

但學完記憶課後，不出三個月我便悟出老師他核心的記憶方法，並且去實踐我課前所寫下來的目標。

提前的力量

　　曾經聽過長輩說一句話：「腦如果沒有意識的話，就會用昨天的方式度過今天。」

　　我依稀記得在唸國小時，當老師還沒上課，坐在隔壁的同學卻先翻開課本，然而，他的課本早已做滿記號。當時不懂事的我，因嗤之以鼻，便對著隔壁的同學說：「你生活還真無聊，老師都還沒教你就先看。」

　　我長大才明白，多數學霸事前都會課前預習。

　　既然我們都會遇到低潮，那你有提前做準備嗎？

　　其實我們可以提前為自己做好防護，如前一節〈幻覺力量〉：提前設計好人生的腳本。每當我遇到低潮或無助時，就會拿人生的腳本與自己對話，雖當下不見得能找到解決方法，但最重要的是可以縮短自我低潮的時間。

　　我利用正面積極的腳本在維持自己的渴望，但當你諸事不順、內心失去平衡時，是否因此更容易感到焦慮，甚至無法縮短你低潮的時間？

　　當然，任何方法有利也有弊，如果你不適合正面積極的腳本，我還可以分享一個點燃渴望的方法，那就是使用「不要」。

　　當你對自己說：「我要考上國立大學。」你會感到很彆扭；換成對自己說：「我不要考進私立大學，因為……」這會

讓你感到較自然，並且點燃你的渴望。「堅持下去跟永不放棄」哪個更適合你呢？或許也能同時使用。

當高手說出來的方法，你視爲理所當然，使用結果卻不如意時，不是用焦慮或內疚來收場，而是要習慣竭盡全力找到適合自己的方法。假如能找回你的信心和喚起你的慾望，那對你而言就是最佳的方法。比方我有時也會用「我不要被別人看不起！」的逆向思維來激勵自己。

然而，要看出一個人能否達成目標，其實只需細看一個人提前做了什麼準備，就可以得出他成功的機率有多高。

我在補教時，每一屆高一生上完第一堂課，幾乎會跟同學說：「我現在可以預測你們三年後大致可以考上什麼大學，要不然我先寫下來，我們在外面找一棵樹把這個預言考試的結果埋在樹下，三年後我們挖出來看，看老師預測的準不準？」曾經有一屆同學起鬨，他們要跟我賭看看，我就將學生姓名和學校寫好，找一個盒子裝，再找棵樹給埋了，說好大家不能來偷看。

三年很快過去，放榜當日，有幾位同學一起到場將盒子取出，互相猜測我預測的準確度。

在二十七位學生當中，有九位考上我預測的學校。記住學習的祕訣，猶如桌腳理論：提前、堅持、偵錯以及講究，四個要素缺一不可。

到這裡，你大致了解學習前能讓自己與其他人不同的細微之處。如果你提前的準備還停留在預習，那我只能告訴你，你只是位讀書人而已。

更高段的提前眉角，是幫自己設局！

高段的堅持力

你曾經有想過自己一天要呼吸多少次或要吃多少食物嗎？

「身體的基礎就是呼吸與食物。」

那麼堅持力的基礎會是什麼？

你是否想過，在學習過程或工作當中，身體上的疲憊不是最痛苦的，最難熬的是每次努力的結果，都失望而歸。接受自己的失敗和不滿意是一個非常痛苦的過程，而大多數人總熬不過這些黑暗時期。

你是否常常告訴自己明天就要好好學習，但還沒開始就感到自我迷茫？計畫還未開始便已經耗盡心力，將很多時間浪費在思考如何堅持、自律，卻越想越煩躁，到頭來什麼成效都沒達成？

那些真正走到最後的人，無論是學習還是事業，都有一個共同的特點，那就是選對了方法，還提早到岸。

多數人在海上找方法，不僅需要考慮體力是否耗盡、需要吃什麼補充能量、要往哪裡游才容易上岸？在這種險惡的環境中生存，還需要具備一定的堅持力。（有關提升學習力的方法，可以掃本書後面牛般學習學院的QR Code，最直接也最快速的得知頂尖學習力的相關課程）

懶散、分心是人的心魔，要培養堅持不是一天兩天的事，如何培養堅持與定力，只需要比平常的你再多做一點。例如你

每天安排自己做伏地挺身五十下，當你做到第五十下時，告訴自己多做三下。每當你一次次戰勝妨礙你堅持的心魔，身上便能具備堅持的血液。相對的，若你習慣放棄、虎頭蛇尾，這個時候你的大腦早已習慣自動輸入「放棄」的毒液了。

全世界最了解老鷹的哈薩克人說過：「如果老鷹無法捕獵了，就是快死了。」換成是人類，我覺得：「如果一個人時常無法掌控自己，那表示創造機會的次數也少之又少了。」

接著與你分享一個更進階戰勝分心、懶散的眉角，你還記得第六章我提到人類存有厭惡自我否定的心態嗎？

其實那是一種善用分享的方法。

你知道，有什麼東西能夠愈分享愈精彩？愈分享利益愈多嗎？

分享所學知識，就是添加精彩的存在效應。

如果你沒有好好地從頭到尾閱讀本書，便很難體會到我想傳達的「表象與本質」。

你知道什麼是「費曼學習法」嗎？

這是由一個1965年諾貝爾物理學獎得主，理查.費曼發明的學習法。想要快速地學會某事，最佳解決方案為「嘗試分享輸出」，而只有一個完全融會貫通的人，才能將難以理解的知識以簡單明確的方式讓對方一聽就懂。簡化來說，就是藉由分享，來達到教學相長的驚人效果。

我當時正在準備考研究所的時候，刻意找同學和學弟，分享自己學習下來習得的所有知識，其中我還邀請了一位學弟，他是該科系每學期的第一名。

找到人分享，便會有所收穫，這是與沒有找人分享的人無法感受到的差別：一個融會貫通，一個不知變通。那如果找不到人分享怎麼辦？

　　（如果家人都不想參與的情況，我會在後面〈一張紙〉告訴你怎麼做）

　　如果我這裡只告訴你「分享是一個成長進步的方法」，就如同「只要奶奶聽懂你的分享，就達成教學相長的進步表象」，但其實這只是進步的關鍵之一，沒有對症下藥，最終依然可能毫無收穫。

　　更重要的是，分享的對象是誰？

　　這裡不藏私：你必須跟高手分享。

　　沒錯，向上分享不只能讓自己進步，而且會變得非常主動，學習深度也跟著向上提升。比如我在台大念碩士一年級的時候，有幾次考前我找了同學分享我學習的成果，做了一系列講解，告訴他該科考點在哪、解題流程、注意事項……。

　　你可能會想，「當時我比他更勤學或者成績應該都比我同學好」。但別懷疑，每次考出來的成績，我沒有一次比他高。這位是成功大學畢業考上台大的同學，跟他分享、討論後我才了解自己的盲點在哪裡。而自己許多的學習方法、創業方式，也都特地找市場上更厲害的人分享。

　　看到這裡，你明白分享的真諦嗎？

吞餛飩

　　如果你是考生，如何評估目前的知識量？

　　我在考研究所，評估自己的知識量時，曾經犯了兩個錯誤。起先是自己心知肚明，我要在考試前把這麼多的知識量完全消化，對我來說是不可能的，接下來則是經過半年的學習後，我又過度高估自己的水平。

　　我從認知自身無法搞定這些的知識量，到擁有虛幻的優越感。

　　剛開始的第一步，錯在自己問錯問題。我先問幾位學長建議要唸完哪些書，聽完建議後，將這些書集中起來，不過看到眼前的知識材料，我卻無從下手，因為就算我二十四小時都不休息，直到考試前也無法唸完。

　　我將問題丟回給幾位學長，最後得到一個共識，就是把補習班老師教的內容先搞定再說。經過半年，已經聽補習班老師上過完整的二次課，對補習班講義有點熟悉了。但此時自己開始過度自信，秤不清自己幾兩重，而認知偏差通常也發生在這時候。

　　我第一次上課都在瞎抄筆記，第二次上課才比較認真聽老師講課。

　　誰知道有一天我拿歷屆考題來寫，竟發現自己沒有想像中厲害，因為自己連當時私立學校的考題都寫不出來，才知道

我對老師教授的內容只是略懂，許多陌生的題目還真的寫不出來。因此，我又從過度自信跌到谷底，對自己準備的方式感到懷疑。

如果我再用相同的準備方法，一樣無法突破現況。我就像是一個生病的人，缺乏病識感，我需要從自己的情況診斷引發症狀的病因。我開始修正自我心態和準備方法，告訴自己我不需要考滿分，只需要每科考六十分就可以考上前三志願。接著我開始行動，花了一點時間，寫下需要做什麼，可以讓我及格。

最後，我主要挑兩件事做，預期每科應該可以及格。

第一件事：每科只鎖定學好一千題就行，遇到難的題目先跳過，認清自己的目的不是為了考滿分。第二件事：重新製作自己的筆記，目的是讓自己更容易回憶所學的內容，讓自己在學習中建立成就感。因為只考三科，所以就學好三千題，每天計畫練習三十題，這樣預計三個半月可以達成目標。

當我開始執行時，發現沒有我想像中的好堅持。因當時我必須先理解每一題，再消化成自己的東西，並完整寫出來，至少需要花費半小時以上，有些題目還需要長時間思考，這樣往往耗費超過一小時。試了每天花十二個小時唸書，依然無法完成每日設定的目標。

有一天，唸書唸到很煩躁，於是讓自己放一天假，我隨手拿一張寫過的計算紙，在空白處寫明天的進度規劃，每個科目學好三至五題就好，例如工程數學第一章微分方程式寫五題，然後是動力學、材力學……

之後幾天，我試著透過降低行動門檻，讓我意識事情都有做好，後續我在每個晚上的練習結束前，在計算紙上寫明天的小進度，然後隔天將做到的都勾起來，計算紙上滿滿達標的打勾，讓我開始累積自己重拾的信心與成就感。

　　好比一群羚羊，遇到一隻獵豹，贏家只需要跑贏另一隻羚羊就好了，自從改爲這個策略，雖然進度非常慢，但是除了能夠扎實地學會當天的內容，還有多餘的時間複習，加上製作自己的最佳筆記，就比較不會學後面而忘前面，能以每天愉快的學習情緒當結尾，讓學習態度更加積極。

　　我曾經傻傻地試著吞餛飩，結果呢？第一顆吞的很順利，第二顆沒吞好，差點噎死自己。

　　所以，設定目標前請記得，目標寫大，知識量（工作量）寫小。

兩個關鍵時刻

　　你覺得目前人生中最重要的是什麼事？

　　活在當下，你同意嗎？

　　值得我們注意的是，人的努力過程中經常會遇到無助與困惑，學會減少當下負面的感覺，是我們值得用一輩子去探索的。

　　心理學家做了一個實驗，實驗分三個階段。一開始實驗者先把手放入十四度的冷水中六十秒，之後在給他一條溫毛巾。第二個階段，讓實驗者換一隻手，同樣浸泡十四度冰水中六十秒後，加溫水進去水中，讓溫度升高一度左右並持續放在水中三十秒，整個過程九十秒，拿起來同時給他一條溫毛巾。

　　現在你試著回憶一下，冬天用十幾度的水洗手，是否會感到刺骨不舒服，那如果手放在十五度的水裡，與十四度有什麼差別？

　　最後的第三階段，讓實驗者選擇「如果要你選一次進行重複試驗，你會選第一階段的，還是第二階段的實驗？」結果有百分之八十的實驗者選擇了第二階段九十秒的那個。

　　如果實驗者一開始就知道一個是六十秒，一個是九十秒，絕對會選擇短時間的實驗，因為多數人的意識認為長痛不如短痛；然而實驗者在受測時並不知道時間的長短，第二階段能使實驗者的感知較為舒適，只是一個小差別，卻可讓人多承受

三十秒的痛苦。

　　這種峰終效應，反應了人類的認知偏見，人們經常爲了節省大腦的精力，自動修剪許多記憶，而通常一件事情的經過，也只會記得高峰和結尾，但如果你好好利用它，將會帶給你不一樣的人生觀。

　　我們是否常常想著長痛不如短痛？

　　在現實裡，人類承受長痛的總量往往高於短痛。例如，多數人明明知道花費一點時間戒菸，可以讓自己更健康，但就是堅持不了；多數人明明知道花費一點時間運動，可以讓自己有苗條身材與好心情，但就是無法持續；多數人明明知道努力一兩年，有機會考上好大學，對未來也許有幫助，可是偏偏就是無法堅持到最後一刻。

　　研究顯示，人有一致性的偏好。當你無法選擇一個好的情緒價值，或是策劃自己的未來，這對你來說會是個天大的壞消息，因爲你並不曉得如何讓自己情緒感受平穩或者達到最佳狀態。

　　但當你學會規劃兩個關鍵時刻，創造高峰（快樂或痛苦）與漂亮的結尾，我不敢說你一定能登峰造極，但定能提升你的幸福感。

　　準備考研究所時，我如何運用峰終效應？

　　每天睡前半小時，我會以鼓勵自我的方式作爲一天的結束，再爲自己今天的努力鼓勵，找一個理由笑一下，幻想自己渴望成功的畫面，並寫明天的進度規劃。

　　關於隔天的進度規劃我會使用夾心餅乾的策略，將比較難

的章節或不喜歡的科目夾在較喜歡的中間學習它，當在自己喜歡或擅長的高峰中間參雜痛苦，大腦通常會忽略痛苦的記憶，幫助我維持高成就感，也不會被短暫的痛苦給擊敗。例如我在做自己系統性的筆記時，會讓自己處於高成就感的情緒中，之後在安排難理解的單元，最後才是自己比較有信心的內容學習。你需要懂得將情緒拉回高點，以避免持續在低谷徘徊。

　　還有，當面臨難搞的學習內容時，往往更需要注意節奏，在消極情緒臨界高峰前，適當更換較拿手的科目或內容來調整心態，當情緒穩定後再回過頭來面對待解決的難題，可以避免負向高峰的出現。

　　這麼說你可能無法體會，或許你可以先試著面對難搞的事情，直到你受不了時，回想爆發前的感受，爆發後又影響你多久、影響了你什麼？因為你在還沒看本書前，可能不知道出了什麼錯，現在的你也許比較容易覺察到問題，可以留意自己爆發前後的小細節，將細節寫下來進行檢討，下次在你還未達到負面高峰前便有防衛系統，以防止消極情緒找上門。

　　記得每天唸書的末尾都要以你最喜歡，能帶給你反饋感的環節做結束，千萬不要睡前處理傷腦筋的東西，也別動腦筋糾結你擔心害怕的事情，以愉快與正向的學習體驗做結尾。

　　這祕訣你學會了嗎？

　　習慣之後，你慢慢會發現學習萬事萬物本身就是件愉快的事情。

　　每當你無法堅持或自律時，請回去複查幾件事情，重排痛苦和喜歡的工作順序、看看你自製渴望達成目標的腳本。

雖然人生是一場極端現實殘忍的世界，有許多事情事與願違，就算堅持、自律，也始終達不到你想要的結果。

　　不過別急，以前歷代帝王也經常失敗，更何況我們平民百姓，還記得我如果要再寫一本書會寫什麼嗎？

　　失敗記，因爲失敗的教訓更容易看出本質。

彎道超車

看透事情的本質，需要讀多少書？上多少課？花多少錢？

在一九九〇年代做生意，講究的是選位置開店；到了二〇〇〇年做生意，講究的是選什麼平台打廣告；接著二〇一〇年，講究的是選哪個電商做生意。

似乎可以這麼說，不一樣的年代，有不一樣的講究。事實上，如果你明白其背後的生意經，不變的也只是——跟著人群走而已。

當我們觀察每一位學習狀元，發現他們都擁有記性好的特點時，你是否感到心焦？像我們這些普羅大眾，記憶力不如狀元們這麼強，該怎麼辦？

我想告訴你，請放心，這個問題不會影響考試結果。

就我自己而言，你叫我回憶本書寫了什麼，我還真的無法仔細地回答你，你這樣能明白我記憶力不是普通的差。

那我為什麼我能考贏眾多記憶力好的人？

原因出自於：輸出能力，而這才是本質。

換句話說，如果你知道把百分之八十的時間放在提取自身的能力（提取方式：可藉由工具提升學習，例如刷題、閃卡、回憶筆記、ANKI等），就不會被高手記憶力很好的表象給矇蔽了。

以下兩位學生的對話。

A女：「我昨天用這個APP修圖，這衣服感覺讓自己看起來有點胖。」

B女：「會嗎？我覺得這件衣服跟妳很搭啊！」

A女：「是喔，那我就放心可以上傳IG了。」

B女：「妳可能誤會了，我想說的是妳的胖跟衣服是兩碼子的事。」

A女：「……」

看到這裡，你了解表象和本質的差異了嗎？

往往一件事情，我們眼睛看到的、內心感受到的樣子，很多時候都被各種花俏的表象給局限住了，為什麼我們經常無法由表象看到本質呢？因為我們都有認知盲區，而且懶惰的大腦最喜歡做的事是「行為越小越好，報酬越大越好。」

（看到這裡你已經學會一○一招了，再次提醒你，快去實踐看看吧！）

金魚腦

多數人學習都會犯一個毛病，往往在當下理解或者訂正過後，會覺得自己已經牢記了！

殊不知提醒你根本還沒記住的時候，往往是考試當下。

如果你和我一樣是普通人不記得這句話：「細心比聰明更重要！就好像愛現小丑，如果春都關門姐，就事非一生。」就是寫一天對金魚兒子問媽媽一個問題的時間姊姊「

胖大金魚兒子問：「媽媽，為什麼我們記憶只有兩秒呢？」

金魚媽媽說：「不會吧？」

金魚兒子：「什麼？不會吧？」

細心最簡單的方法就是把自己當作金魚腦，當你處在魚米之鄉，根本不會注意何時將遭遇飢餓，也無法察覺問題本身；當你處在窮山惡水之處，卻會細心注意周遭，尋找危險根源。

學習知識不外乎三個步驟：理解（聽）、熟悉（讀）、回憶（背、寫、說、畫）。

如何當一個稱職的金魚腦？

當我聽課或者看書，遇到不懂、不理解、稍微模糊的觀念，就會做記號。透過翻書，找同學或學長、老師求理解，如果經過這幾種方式我都無法理解，便會告訴自己這種題目考試不會出，先把難的跳過，並讓自己經過理解後在空白處寫下心得或注意事項，以防下次又忘記。

之後凡是遇到我不熟悉原理、記不住的公式、易粗心的地方，我也都會寫在一張A3問題紙上，讓自己不熟、不懂、易犯錯的地方一目了然。

　　你可能會想提問，這問題紙是否要分科、分章節？我剛開始沒有完全分，就簡單的全部寫在一張A3紙。如果你從頭閱讀到這裡，應該知道我爲何全寫在一張A3紙的用意。

　　這張A3紙是讓我醒腦的東西，有時候一早起床或午睡起來，還無法集中精神，我不會按照紙上記錄的順序來複習它。不按照順序是指，有時候從前面、有時從中間、有時從後面看回來，通常花五到十分鐘分鐘左右。

　　學習知識不外乎聽懂老師上課的內容，順便抄上課的筆記，再找時間讀讀上課的內容，但這些其實都只是把知識放進腦袋的過程。

　　普通人花很多時間在理解（聽）和熟悉（讀），其實是一種學習知識的垃圾時間，屬於被動式學習。

　　我二十一歲那年，發現反覆的讀講義與唸筆記是無效學習，幸好當時距離考研究所還有一年的時間。猶記得我那時讀到一本學習工具書，書中提到一個學習金字塔，剛開始我對這學習金字塔抱持懷疑的態度。金字塔分七層，最頂層說明，我們上課聽講只能留下學習效果的百分之五，第二層我們透過閱讀的方式學到內容可以保留百分之十。有次我就用非常極端的思考方式，假如我連續聽一樣的課十次，或把上課的講義看過十次，如此地反覆思索，那這樣我能考好嗎？

　　嘗試後發現，如果對國高中的考試內容反覆聽十次或讀十

次，考試成績應該不會太差，但若換成考研究所的等級，則必死無疑。此時發現自己花太多時間在低水平學習，爲了提高效率，避免自己一直處在淺層學習，我告訴自己趕緊把這些垃圾時間縮短，同時讓自己有更多時間處於腦力真正思考的境地。

再此說明一下，爲何理解和熟悉都算是垃圾時間？這好比兩個人一起學習從來沒接觸的科目，但有一個人知道下課會隨堂考試，另一位不知道。如果沒意外，不知道的那位只會認真的理解老師授課內容，而知道要考試的那位卻可能一邊理解一邊主動復讀。復讀簡言之，是閉上眼睛十秒鐘回想課程內容，也可以是邊上課邊記下重點，這種方式上完課，可能雖只理解了一次，卻輸出三次。

你可能帶著疑問：「我光上課內容都還來不及理解，怎麼有時間復讀？」

你問到重點了！

就是因爲大多數人沒有太多時間主動復讀，只是將時間花在看過書而已。

這樣的唸書方式只會讓你徒勞而已，不然你蓋上這本書，主動回憶一下，剛剛我說的「金魚腦」的內容看看！

歡迎你回來！

你是否感受到？如果剛剛有試著主動回憶，你會皺著眉頭，費勁地回想書中內容，這跟你再看一遍同個主題比起來，輕鬆太多了。考試成績就是這麼現實殘酷，不會與你晚上挑燈辛苦學習多久的時間成正比。

記住，能與學習記憶最有正相關性的，反而是反覆進行艱

難又燒腦的輸出訓練。

　　兩個考高分的眉角：

　　一：學會縮短輸入的技巧

　　二：具備輸出的能力

勝負轉折點

　　你選擇怎麼過生活「把每一天當作嶄新的一天，還是把同一天重複過三百六十五遍？」

　　籃球比賽的垃圾時間通常是指，出現大比分落差，往往板凳球員都會上場，兩邊象徵性的打完比賽，但你會想看這種比賽嗎？

　　垃圾時間（聽課、抄筆記、理解）之後，你需要製作自己的筆記。而我準備考研究所時，只會抄筆記，並不會做自己的筆記，為了學做筆記我還特地從圖書館借一堆相關書籍回宿舍。

　　做筆記的方法有好幾種，有麥肯錫筆記、康奈爾筆記、思維導圖法、東京大學筆記。總結自己的經驗，以下為記筆記原則：不要抄書、要題綱和重點、標記有疑問的點、補充書上沒有的知識、對每個知識點進行總結⋯⋯。

　　當時我利用一個星期的時間把做筆記的方法整理出來，起初我選擇康奈爾筆記的方式梳理筆記，用康奈爾整理幾個章節筆記，試著回憶自製筆記的內容是否會感到不順，接著也試過思維導圖，其效果也不是很同調。

　　我曾經模仿幾位世界大師都在使用的筆記法，卻沒有讓我感到實用，也無法樂在其中。之後，我試著把筆記內容，壓縮到一張紙上，用A3紙來做筆記，你是否還記得？靈感出自於

西餐廳的大盤子，上面放著很少的食物。當你今天或未來，在圖書館看到有人在使用A3紙在做筆記時，記得過去跟他打聲招呼，因為他看過這本書或者友人教過他，他正在開創自己的筆記，別忘了互相交流一下。

那該如何做筆記呢？

我以數學作為舉例，將它分成粗胚和精緻的筆記。

粗胚筆記在理解和熟悉的過程，會記錄不懂到懂的心得筆記：問題、困惑、想法、容易出錯的地方、要求清楚每個核心觀點、持續思考章節考試內容並做記號、先跳過難搞的題目。

再來，找到適合自己梳理知識框架的工具，以避免學習的知識碎片化。我所用的方法是流程圖，它可以將知識點結合起來，比如：求數學的三角形面積，經常是國中、高中的超級考點，首先你可以將所有求三角形面積的方法、公式匯集起來（每一個公式都有其特性），遇到類似題目時從第一個公式試到最後一個，或記下哪些有破題的經驗法則，這樣反覆整理、記憶後，大腦將會組織所有散亂的知識點，形成完整的流程圖。

以上就是粗胚的筆記的輪廓。

之後，拿出A3的紙，將長邊對摺一分為二。還記得考試決勝點是什麼嗎？

Yes，就是輸出能力，精緻筆記其目的就是讓我所有知識點一目了然。

比如現在一○八課綱高中數學有十四章，你可以將筆記做成一個章節一張A3，只用條列式的方法製作精緻筆記。

建立精緻筆記，先記上章節標題。

第一點：匯集該章節考試的架構與考點。

第二點：接著寫觀念、原理與公式。

第三點：紀錄練習過程中容易錯或模糊的地方。

第四點：該章節所有會考的證明題（考研究所必備）。

（寫這四點基本上用掉一面的左邊空間，間格需留白作為補充用。）

第五點：將自認為經典的題目放上去，章節脈絡需要平均，讓題目把每個理論、原理、公式至少都用過一次。

提醒，剛開始對自己不用要求太高，先享受其中。精緻筆記中沒有任何詳解，題目後面標註出處頁數即可，內容只有知識壓縮的題目和關鍵點，也不需標記太多顏色（適當即可）。

你內心是否有疑慮，為何要浪費這麼多時間在做自己的筆記，而不是多讀一點書或是多練習一些題目呢？

因為「我是普通人」，但如果是高手中的高手，用題海戰術的效果一定不錯。大多數人最好的學習方法，就是集中錯誤並釐清觀念。經過一次又一次的釐清觀念，再將錯誤記錄起來，雖然繁雜又耗時，卻能帶你跨越鴻溝。

放棄的力量

考試是現實與殘酷的，我有朋友花了七年才考上醫學院，也有朋友十幾年了還沒考上。

如果你想成為大考的最終贏家，必須做到這兩點：懂吃苦加上瘋狂。

吃苦的感覺為何？

吃苦，我認為是放棄大部分的社交、興趣、休閒、娛樂的生活，並長時間聚焦在一件事情上，長時間忍受孤獨以及無限延長賽道的終點。它需要你極好的耐力與無數的堅持，除了為榜上有名，你還為了什麼？

有句名言是這麼說的：「世界上追求的一切都源自於交換。」

如果你懂吃苦的本質，自然會投入更多的精力與時間在你想完成的事情上。輸出知識是學習中最容易有挫敗感的一塊，精緻筆記要做的很細，因為它能激勵你的學習意願，輸出知識也需要瘋狂的意志，這種感覺我形容成「天若阻我，我便撕裂這天；地若擋我，我便踏碎這地！」

你學習害怕被打斷嗎？聽聽我當年如何瘋狂輸出吧！

儘管我在刷牙、洗臉、走路、吃飯、運動、洗澡的零碎時間，依然會回憶某個章節會考什麼、順順自己的解題流程圖、理解自己哪裡比較容易粗心，當遇到提取內容卡住時，就找時

間回去復讀一下精緻筆記，而它就像一個Q&A知識庫，是我刻意練習時提取學習的好工具，讓自己一遍又一遍的親身經歷受挫、刺激，兩種感受重合的奇特滋味。

我想說的是，可別小看零碎的時間，蒼蠅腿也是肉，利用小時間操練大腦，也是幫助自身訓練思辨整合能力的好方法。

而黃金時間能做零碎時間做不了的事情，我大部分將黃金時間用來理解、組織架構、製作筆記以及練習題目，時間安排會切割成每四十分鐘為一個段落，最多六十分鐘（如果真的超過一小時也無妨），但建議時間不要超出過久，會影響學習效率及心情，以上這些安排會配合峰終效應，在前一天規劃好，讓自己輕鬆、愉悅地達成學習目標。

因現在的你，應該不只是在台下看我表演魔術的觀眾，而是一位優秀的魔術師。現在我問你，如果多數人成績不夠好的原因是什麼？

歸結起來有兩個原因：

一：輸入知識沒做好。

二：記性較差的人花太多時間在輸入。

其實那些榜上有名的人，都會把精力花在知識的輸出上。

一張紙

　　如果沒有好腳本、好角色，該怎麼演下去？

　　每當你把一個章節的精緻筆記做好後，拿出一張白紙，此刻你腦子裡回憶起剛剛記了什麼？有什麼重點，就大膽寫出來，比如：你讀了或記了數學某個單元的筆記內容，便可以馬上把所學寫出來，不需在意錯字或符號。不管想學什麼都是一樣的道理，以這種方法持之以恆，你將成為懂得思考又成功的人。

　　起初我利用這個方法，大概寫不到三分鐘就寫不出東西了，但之後持續練習反覆輸出，竟能將每個章節筆記的考點、公式推導、原理和筆記上的題目都順利寫出來。

　　有時我會邊寫邊講給自己聽，留意自己寫不出來的地方，哪些是自己理解不夠清楚或記不住的弱點。

　　現實是苦的，而苦的背後需帶著講究。

　　道路是走出來的；

　　成績是考出來的；

　　寫字是練出來的。

　　你認為字的工整度是否會影響改考卷的人？

　　還記得「開創」裡的其中一個方法嗎？

　　那就是欣賞一流的人、事、物。過去我經常問一位學長問題，他每次幫我解答問題，寫出來的字跡都會讓人多看一眼，

它寫出來的字，不僅大小一致、漂亮又工整，簡直跟坊間販賣字型光碟完全一樣。

於是，我把當時學長幫我解答的計算紙全留起來，在準備研究所考試最後三個月，將他的字體放在書桌上，提醒自己需要把字寫的工整漂亮，每次提起筆就刻意放慢寫字速度，專注在下筆的布局和工整。當時我光寫考卷的原子筆，就試過幾十種，最後選擇OB原子筆。

（題外話，字體的工整度也會影響人對人的看法，簡言之就是，字如其人。）

我快退伍前開始找工作，投履歷時，手寫的履歷表有天被我媽看到，她說這字好像是用電腦打出來的，非常工整。

最後提醒：考試之道，你不會的就不會，會的不一定對。

在準備的過程，不管多麼小的粗心或失誤，我都養成記錄在一張紙上，以避免錯了再錯，因爲我心裡明白自己會的知識已經不多了，時常複習它，以降低自己的失誤率。

聰明人只需三次就記住了，像我記憶力不太好的人，能做的便是瘋狂精煉輸出的能力，當自己覺得可以的時候，再多回憶三次。

回歸閱讀，學習思考

如果你變成我的忠實讀者，那你就是我忠實的擁護者。

本書一開始就沒設定要找名人推薦或寫序言，你知道原因嗎？

書是否會暢銷，有四種狀況：

第一種：因名人推薦而大賣，但內容枯燥乏味，如果我再出第二本書你可能不會想買來閱讀。第二種：因名人推薦大賣，內容也無比精采，但是否是因為名人推薦而讓你再去收藏第二本書？第三種：沒有名人推薦，內容讓人直搖頭，讀者既然不買單，那作者當然難有第二本書的出現。至於第四種：真正厲害的一本書，即便少了名人推薦，依然靠著堅實且精彩的內容造成大眾的迴響，於是再刷、再版持續上市。

你認為最精彩的書是哪種模樣呢？

我寫的這本書，從鍵盤敲下第一個字到現在，總字數超過十五萬，之後濃縮至將近九萬個字，我不斷地想一個沒有答案的問題，我講究的思維與方法是否已通過這本書，將精華、本質皆傳達給你了呢？

希望你滿意、喜歡，也達成心中所願，在此感謝您的閱讀！

致謝

　　在此，我要由衷感謝父母，是你們給予了我自由發揮的人生，正是因為你們的支持與鼓勵，才使我在這充滿挑戰與障礙的道路上不斷前行。

　　感謝高職導師林旭萌與師母蔡麗琴，你們是我的啟蒙老師和智慧顧問！

　　特別感謝大學好同學林晉偉，你總是第一時間給予幫助與照顧。

　　感謝大學學長謝豐帆、吳宏文、陳儒建、王俊文和曹柏偉，以及同學李承成、黃炫琨、馬仁威、林啟榮、陳俊宏、方志宏、梁吉強、林彥佑、王大禎、陳威成、黃培霖、施宏銘，學弟李紘宇、高紹懷、劉文峻、許泰翔、李光君、陳俊志、蘇陳泓學。在我經歷茫茫黑暗的人生時，你們總是像那束明亮的陽光，照亮我前進的方向。

　　感謝台中國小、東峰國中全班同學、埔里高工機三甲全班同學、高雄應用科技大學四模四甲全班同學一路相伴相隨。

　　最後感謝我的老婆和小孩，歷經四年終於完成了，感謝當中皆有你們的陪伴，從2020年的籌備到2024年書籍終於問世。接下來的故事才剛開始，感謝一路相伴、支持的你們。

國家圖書館出版品預行編目資料

從放牛班作弊，到考上大研究所／蔡思亮
著. --初版.--臺中市：牛般教育事業有限公司，
2024.7
　　面；　公分
ISBN 978-626-98706-0-8（平裝）
1.CST: 生活指導 2.CST: 成功法
177.2　　　　　　　　　　　　113007429

從放牛班作弊，到考上台大研究所

作　　者　蔡思亮

發 行 人　蔡思亮

總 編 輯　楊騏嘉

出版發行　牛般教育事業有限公司

傳　　眞　（04）2215-2332

地　　址　台中市東區公園東路130號2樓之1

讀者購書　Line ID：@niuban　讀者購書掃碼

讀者購書網址　www.niubanlearning.com.tw

初版一刷　2024年7月

定　　價　300元

缺頁或破損請寄回更換